现代企业卓越管理方法丛书

NIXIANG GUANLI
FANTANPIPA DE GUANLI YISHU

# 逆向管理

## 反弹琵琶的管理艺术

主编⊙舒天戈 邱卫东
本册主编⊙东方齐天

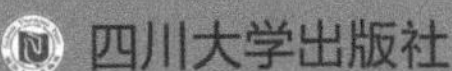
四川大学出版社

责任编辑:梁　平
责任校对:雷若寒
封面设计:刘建波
责任印制:王　炜

**图书在版编目(CIP)数据**

逆向管理：反弹琵琶的管理艺术 / 舒天戈，邱卫东主编. —成都：四川大学出版社，2015.7
(2025.4重印)
(现代企业卓越管理方法)
ISBN 978-7-5614-8748-8

Ⅰ.①逆… Ⅱ.①舒… ②邱… Ⅲ.①企业领导学 Ⅳ.①F272.91

中国版本图书馆CIP数据核字(2015)第159949号

书名　**逆向管理——反弹琵琶的管理艺术**

| | |
|---|---|
| 主　编 | 舒天戈　邱卫东 |
| 出　版 | 四川大学出版社 |
| 地　址 | 成都市一环路南一段24号(610065) |
| 发　行 | 四川大学出版社 |
| 书　号 | ISBN 978-7-5614-8748-8 |
| 印　刷 | 三河市天润建兴印务有限公司 |
| 成品尺寸 | 170 mm×240 mm |
| 印　张 | 14.25 |
| 字　数 | 230千字 |
| 版　次 | 2016年1月第1版 |
| 印　次 | 2025年4月第3次印刷 |
| 定　价 | 38.00元 |

◆读者邮购本书,请与本社发行科联系。电话:(028)85408408/(028)85401670/(028)85408023　邮政编码:610065
◆本社图书如有印装质量问题,请寄回出版社调换。
◆网址:http://www.scup.cn

# 前言

*Preface*

我们生活在日新月异的时代。企业管理面临前所未有的压力和挑战。每个企业的经营者和管理者，面对企业经营运行中诸多的新事物、新问题，责任更加重大，任务更加艰巨。唯有以创新的思维和大胆的行动，才能把握时代的良机，成为市场竞争的大赢家。

剧变的时代，传统的思维习惯和管理方式受到了强烈冲击。而一种反传统、反习惯、反向思维的新型管理方法，悄然流行于各个行业的企业管理实践中，并日益显现出突出的作用与实用的效能，这就是逆向管理。

逆向管理是适应时代发展与管理变革的创新成果。它不是从根本上颠覆管理科学的原则和方法，而是在科学管理的基础上，根据市场环境变化和企业经营的实际需要，运用逆向思维，在“逆风”中觅机遇，在“逆行”中找出路，为企业积攒高速发展的后劲，在对市场的“反向运作”中谋取市场份额。逆向管理的核心是创新，精髓是变通出奇，内在动力和真谛是创造性思考的反向异变思维。在逆向管理中，或同中求异，或异中求变，目的就是使企业的经营健康稳定地发展。

现在摆在读者朋友面前的《逆向管理——反弹琵琶的管理艺术》一书，是我们运用逆向思维原理多年研究企业管理创新的心得。本书从新时期企业管理需求出发，引导企业经营者与管理者在剧变的企业内外经营环境中，反弹琵琶，出奇制胜。书中论述了如何在变化的环境中释放管理变革与经营创新的巨大潜能，同时结合大量中外企业的案例，介绍了企业逆向管理的实现途径与操作要领。本书集理论性、实用性、趣味性于一身，寓复杂的管理理论于实例之中，适合企业经营者与管理者阅读。

时代在发展，管理需变革。愿本书能够帮助读者摆脱习惯性思维的束缚，以更科学、更有效的管理方法解决企业经营中的问题。

编 者

2014 年 10 月

# 目录

CONTENTS

## 导论　逆向管理，反弹琵琶
——变革时代的管理高招

### 一、逆向管理：变革时代的管理艺术

1. 市场经济是逆向管理产生的沃土 ……………………………… (2)
2. 逆向管理的时代性和科学性 …………………………………… (3)
3. 实施逆向管理的必要性与重要性 ……………………………… (4)

### 二、奇正统一：逆向管理的巨大魅力

1. 与众不同的逆向管理带来了神奇效果 ………………………… (5)
2. 倒“思”逆行，有助于释放企业潜在能量 …………………… (7)

## 第一章　逆向思维，演绎管理创新
——逆向管理的源头在于逆向思维

### 一、逆向思维是一种创造性的思考

1. 逆向管理产生于管理中的逆向思维 …………………………… (10)

2. 逆向思维即从反方向来思考问题 …………………………………… (11)
3. 逆向思维的客观依据 …………………………………………………… (12)
4. 逆向思维的主要特征 …………………………………………………… (13)
5. 逆向思维的具体方法 …………………………………………………… (15)
6. 逆向思维的类型 ………………………………………………………… (16)

## 二、逆向思维是通向成功的捷径

1. 逆向思维充满着创新的智慧 ………………………………………… (19)
2. 颠覆思路，结果会大不相同 ………………………………………… (21)
3. 精明的犹太商人精于逆向思维 ……………………………………… (23)

## 三、逆向思维能力的训练方法

1. 敢于怀疑：逆向思维的内在要求 …………………………………… (25)
2. 逆向思维的基本切入点 ……………………………………………… (26)
3. 训练逆向思维的具体方法 …………………………………………… (27)
4. 逆反心理让逆向思维巧妙实施 ……………………………………… (29)

## 四、逆向思维在企业中的应用领域

1. 经营目标上的逆向思维 ……………………………………………… (31)
2. 产品开发中的逆向思维 ……………………………………………… (32)
3. 营销中的逆向管理 …………………………………………………… (32)

## 第二章　应时善变，创新至上

### ——变通与创新体现着逆向管理的精髓

### 一、逆水行舟，反行其道

1. 突破传统，引领潮流……（34）

2. 不走寻常路的逆反求胜……（36）

3. 形象反串：营销中的花样翻新……（38）

4. 丑名亮美："傻瓜"也神奇……（39）

### 二、因时而变，与时俱进

1. 顺时而变，与时俱进不恋旧……（41）

2. "敌"变我变，以变制变……（42）

3. 在突变中创造出新的商机……（43）

4. 一切以机会为转移，随机创新……（45）

### 三、无中生有，创意生财

1. 从玩具中得到启示的创意……（47）

2. 突出特色，胜在奇思妙想上……（48）

3. "诡诈"经营，示假隐真起死回生……（50）

# 第三章 反思逆行，独到经营

## ——反常观、反潮流的经营之道


### 一、善爆冷门，人无我有

1. 做市场冷门中的有心人……（54）
2. 开发新领域，找到市场切入口……（54）
3. 人无我有：一招鲜，吃遍天……（56）
4. 看准市场缺口，拾遗补缺……（58）

### 二、发现潜求，满足特需

1. 从特殊需求中创造特定市场……（59）
2. 为特定的对象提供特殊的服务……（60）
3. 嫌富爱贫，避开竞争获利……（61）

### 三、取人之弃，独得其利

1. 人弃我取，眼光独到占先机……（62）
2. 在人所弃中独得其利……（64）
3. 变废成宝，化腐朽为神奇……（66）
4. 反用资源，赢得市场青睐……（67）

## 第四章　以予为取，予人以惠

——以舍为得的逆向经营智慧

### 一、欲取先予，仁者得利

1. 欲取先予的具体形式……（70）

2. 欲取先予的先决条件……（71）

3. 企业欲取先予的典型案例……（72）

### 二、善对得与失，有失必有得

1. 此失彼得，辩证地看待得与失……（74）

2. 以“出卖”自己获得发展的代价……（75）

3. 留下“卷土重来”的根本……（76）

### 三、予人以惠，赢得消费者

1. 予人以惠让企业进入良性循环……（78）

2. 让利于顾客赢得青睐……（78）

3. 向消费者提供最佳服务……（79）

## 第五章　推己及人，无为而治

——“不作为”的企业经营高招

### 一、无为而治并非不“为”不“治”

1. 无为而治是一种高超的管理艺术……（82）

2. 通用电气公司首创“零管理层”……（83）

3. 索尼公司允许职员犯一次错误…………………………………………（84）

二、实现从无为到有为的转化

1. 管理者以自己的行为引领员工…………………………………………（86）
2. 以管理语言和象征性行动传递管理信息………………………………（87）

三、无为而“为”，信而不纵善于自控

1. 使人傲不可长，锐意进取………………………………………………（89）
2. 使人欲不可纵，斗志弥坚………………………………………………（90）
3. 使人志不可满，推陈出新………………………………………………（90）

# 第六章　以“敌”为师，倡导合作

## ——变竞争对手为合作伙伴

一、师敌之长，取人之优

1. 师“敌”之长的三个关键 …………………………………………（94）
2. 取对手之优才能战胜对手………………………………………………（94）
3. 前嫌旁置，与对手合作互助……………………………………………（96）

二、建立战略联盟，在合作中谋求双赢

1. 战略联盟是企业经营的必然选择………………………………………（98）
2. 联盟合作具有明显的优势………………………………………………（99）
3. 与劲敌结盟，走强强联合之路 ………………………………………（101）

## 第七章 以小博大，小蛇吞大象

——逆实力而动以弱胜强

### 一、竞争中敢于以小博大

1. 遵循以小博大的竞争原则 …………………………… (106)
2. 以小博大竞争策略的运作方法 …………………………… (107)
3. 勿犯禁忌：忌“怯大”，忌“超高” …………………………… (109)

### 二、以小吃大，小蛇敢于吞大象

1. 玩转空手道的蛇吞象奇观 …………………………… (110)
2. 杠杆兼并是以小吃大的工具 …………………………… (113)
3. 以股换股，获得控制权 …………………………… (114)
4. 运用“甜头+时间差”的招数 …………………………… (115)
5. 以连续抵押的方式获得银行贷款 …………………………… (115)
6. 与原公司股东“互利共生” …………………………… (116)

### 三、借势经营，借助外力成功

1. 成大业者无不善于借势 …………………………… (117)
2. 能借就借，巧借东风好行船 …………………………… (120)
3. 借他人的力量，补自己的不足 …………………………… (120)
4. 借钱投资，以小钱赚大钱 …………………………… (122)
5. 以借助外力实现超速扩张 …………………………… (123)
6. 借名扬名，“狐假虎威” …………………………… (126)
7. 借强攻弱，“攀龙附凤”壮大实力 …………………………… (128)

# 第八章 以退为进，后发制人

## ——在退却中赢得竞争的主动权

### 一、以逸待劳，出奇制胜

1. 以逸待劳、后发制人的福特公司 …………………… (132)
2. 把握契机，巧寻生存缝隙 …………………… (133)

### 二、退避固守，蓄力反击

1. 避开对手锋芒寻找突破口 …………………… (135)
2. 以退为进，方能赢得反击主动权 …………………… (136)
3. 忍让和退却是反击的准备 …………………… (139)
4. 想要全得到，需要先放弃 …………………… (141)

### 三、进退转换，抢占商机

1. 以亏养盈，做头脑清醒的经营者 …………………… (142)
2. 以静制动，以不变制万变 …………………… (143)

# 第九章 以虚致实，因败图成

## ——以虚掩实亦假亦真的竞争智慧

### 一、实者虚之，以智斗力

1. 以智斗力，不示强而示弱 …………………… (146)
2. 不拘常规，广告中不妨故弄玄虚 …………………… (147)
3. 虚者实之，以美遮丑保藏商业秘密 …………………… (148)

4. 示假隐真，创造商场奇迹 …………………………………（150）

## 二、避实击虚，曲径通“财”

1. 避实击虚，避免正面交锋 …………………………………（152）
2. 旁敲侧击，获得迂回前进之效 ……………………………（153）

## 三、以患为利，以弱抑强

1. 改变经营思维就可以变患为利 ……………………………（155）
2. 败中取胜，在危机中捕捉新商机 …………………………（156）
3. 因败而成，逆境奋起变弱为强 ……………………………（159）
4. 快慢各有道，化劣势为优势 ………………………………（161）

# 第十章　以守为攻，柳暗花明

——掌握善用守势的竞争艺术

## 一、攻守相宜，交替统一

1. 认清攻与守的辩证关系 ……………………………………（166）
2. 运用守势策略的具体方式 …………………………………（167）
3. 因实力而弃，攻守交替运用 ………………………………（168）

## 二、侧翼进攻，在迂回中前进

1. 掌握侧翼进攻的策略 ………………………………………（170）
2. 见石移卵，此路不通走彼路 ………………………………（170）

## 第十一章　价格妙算，销售魔方
### ——商品定价的反向之道


### 一、明确定价目标，熟悉价格类型

1. 理性地确定定价目标 …………………………………… (174)
2. 透彻地了解价格类型 …………………………………… (176)

### 二、了解顾客心理，巧定心理价位

1. 故意提价，给消费者心理环境一个谜 …………………… (177)
2. 反其道而行之的高定价销售 …………………………… (179)
3. 妙用折扣，收一石二鸟之奇效 ………………………… (180)
4. 让消费者自己来定价 …………………………………… (181)
5. 你降我升，反其道而行之 ……………………………… (182)


## 第十二章　糊涂用人，欲紧故松
### ——非同寻常的逆向用人


### 一、不求完人，容短护短

1. 取长补短，用人不必求全责备 ………………………… (186)
2. 容短护短，掌握好用人的伸缩度 ……………………… (187)
3. 用人容短的四项要领 …………………………………… (188)

### 二、以柔克刚，以绵化力

1. 以柔克刚的用人策略和手段 …………………………… (192)

2. 宽猛相济，管人需要一张一弛 …………………………………… (194)

## 三、欲紧故松，管理有度

1. 用人须有谋，管人须有度 ………………………………………… (197)
2. 欲紧故松，管理人才的八大要点 ………………………………… (197)

## 四、推拉有度，统御有方

1. 既要物质奖励也要精神奖励 ……………………………………… (200)
2. 以奖为主，以惩为辅 ……………………………………………… (201)
3. 处罚也能有效地统御 ……………………………………………… (202)
4. 柔性管理，对下属进行感情投资 ………………………………… (202)
5. 让减薪成为加薪的前奏 …………………………………………… (203)

## 五、施压御人，深挖潜质

1. 人无压力不出活 …………………………………………………… (207)
2. 挖掘潜力，控制下属的工作方向 ………………………………… (207)
3. 对下属的威迫要适可而止 ………………………………………… (208)
4. 管理者不可伤下属的自尊 ………………………………………… (209)

# 导 论

## 逆向管理，反弹琵琶

### ——变革时代的管理高招

我们生活在一个充满了矛盾的时代，这些矛盾和疑难问题，都需要运用独特的思维和想象力去解决，这给我们提出了一系列新的课题。同时，我们所处的时代充满着无限创造的可能。具有想象力的思维和大胆的行动是把握机会、解决疑难问题的两把钥匙。在这样一个时代，企业面临的挑战更多，为开启新的管理之门，本书为您提供了多种有效而全新的方法，我们将它称之为逆向管理。这是企业处于时代巨大变化中的一剂经营良方。

# 一、逆向管理：变革时代的管理艺术

今天，人类正进入一个伟大变革的新时代，生产力迅速发展，科学技术日新月异，各国企业为适应这种形势，积极进行管理方面的探索。

**时代需要发展，管理需要变革，或同中求异，或异中求变。**让管理更加科学有效、更富时代特色，只有从异变和反常的思维中才能把握管理的真谛。

## 1. 市场经济是逆向管理产生的沃土

市场经济的本质特点是要建立一个充满竞争的活跃的主体机制。这就要求企业必须适应竞争，管理者必须善于竞争。在多变、活跃的市场竞争中，创新的客观要求使得管理科学不断丰富发展，并为逆向管理提供了基础。

市场经济，这是生活在21世纪所有企业管理者都已经读懂的概念。在一些国家比如中国、俄罗斯从计划经济到市场经济，那几乎是几代人艰苦摸索并付出巨大代价而得出的适合本国国情的路子，并且在宪法上得到了反映。

市场和市场经济是相对计划和计划经济而言的。市场和计划是两种不同的经济调节手段。在现代的社会化大生产中，市场和计划对资源配置起着不同的作用。**所谓资源配置，是指对有限的经济资源在各种可能的生产用途之间做出选择，以获得最佳的效益。**

市场经济和计划经济是两种不同的经济体系，判断是市场经济还是计划经济的依据，是看市场和计划对资源配置起着什么样的作用。计划对资源配置起基础性作用的，也就是主要按价值规律的要求，适应供求关系的变化，发挥竞争机制的功能来实现资源配置的，叫市场经济；计划对资源配置起决定性作用的，也就是主要由政府按照事先制定的计划，依靠行政指令来实现资源配置的，叫计划经济。

市场经济要求有：第一，活跃的市场主体体系。实行市场经济，必须具有包括企业、事业单位、社会团体、公民在内的活跃的市场体系。企业是市场中最主要的主体。必须建立现代企业制度，使各种企业都能自主经营、自负盈亏。第二，统一、开放的市场体系。实行市场经济，必须具有包括生产资料市场、消费资料市场、金融市场、劳动力市场、技术市场、信息市场、房地产市场等在内的统一、开放的市场体系。要使各种生产要素都能自由流动，要通过价格杠杆和竞争机制的功能，优化资源配置。这两个特点既体现了价值规律的要求，又是由价值规律所决定的。

**计划经济一个突出的特点是导致了平均分配的极端化**。在这种情况下无论是企业还是个人，都不需要有创造性管理，更不必开发自己的创造力。人们的习惯思维定式是等、靠。而市场经济中，政府不再包管企业，只进行间接宏观调控，使企业成了一个独立的整体。企业要生存和发展，必须在适应市场和提高效率上同其他企业竞争，竞争给企业以压力和动力，优胜劣汰，达到资源的优化配置。这样一来，企业要想方设法去扩大市场，占领市场，这便给逆向管理这一新型管理模式带来了良好的外部环境。

## 2. 逆向管理的时代性和科学性

### (1) 逆向管理的时代性

**逆向管理的时代性，是由企业发展不断变化的外部环境所决定的**。企业为了生存和发展，时时刻刻都在组织生产，研究生产，从事各种各样的生产活动，使社会生产的发展具有连续性。保持和巩固社会生产发展的连续性，不断提高生产力的水平，是一个企业兴旺发达的标志。

企业生产是一个大系统，由很多要素组成。企业生产系统的发展不仅取决于系统内部诸要素间的相互作用，还取决于外部环境的变化。企业生产在不同的时代，由于条件的变化又呈现出阶段性。在不同的阶段，管理的思想、内容、性质、方法、手段都不相同。

以前，管理以传统经验法则为主，凭个人的经验和系统、信息、控制科学方法论分析处理现代管理过程中的各种问题。**有关企业的实践证明，逆向管理是行之有效的理论和方法。**

（2）逆向管理的科学性

**逆向管理的科学性是由物质运动的规律性决定的。**人类社会虽有其固有的特殊性，但仍属于自然界的一部分。人类社会是物质运动发展到一定阶段的产物，在本质上，它仍包含在物质运动体系之内，受物质运动规律的制约。

人类社会的发展是有规律的，它是由生产力和生产关系、经济基础和上层建筑这两对矛盾的发展所决定的。企业管理也是如此，管理作为进行社会生产的必要条件，其科学性与社会生产的规律性也是联系在一起的。而今，在市场经济条件下，生产经营的规律的不断变化要求逆向管理具有科学性。逆向管理的科学性又促进了企业生产经营的进一步发展。

### 3. 实施逆向管理的必要性与重要性

（1）逆向管理的必要性

**实施逆向管理的必要性是由生产经营的社会性决定的。**马克思说："一切规模较大的直接社会劳动或共同劳动，都或多或少地需要指挥，来协调个人的活动，并执行生产经营总体的运动——不同于这一总体的独立器官的运动——所产生的职能。"管理是进行社会生产的必要条件，它是生产劳动社会化的产物。生产社会化的程度越高，逆向管理就会显得越重要。

20世纪60年代以来，全球的总体生产力迅速发展，科学技术突飞猛进，社会生产发生了巨大变化，管理的对象变得更加复杂。其具体表现是：管理的规模越来越庞大，分工更加精细，联系更加紧密，市场情况千变万化，信息量空前增加。在这种情况下，必须不断提高逆向管理水平，才能适应在新形势下的市场要求。

（2）逆向管理的重要性

**实施逆向管理的重要性是由生产经营的效应性决定的。**生产经营的效应如何，与逆向管理水平的高低有密切关系。一般的情况是：管理水平高，生产效应大；生产效应越大，越需要提高管理水平。管理在社会生产过程中，起着放大和增效的作用，即放大系统中人、财、物等要素的作用，增加人与人、人与物、物与物组合的生产效应。好的管理能有效地挖掘企业的生产潜力，增加经济效益，更好地发展各项建设事业。相反，坏的管理会在生产上造成很大的浪费，给企业带来损失，甚至使企业倒闭。管理是企业生产效应好坏的关键，我们要走以提高经济效益为中心的新路，就要不断提高企业的素质及生产经营效应；要加强逆向管理，就要不断提高逆向管理水平。

**对于新兴企业而言，逆向管理工作具有很重要的意义。**它不仅可以大大提高生产效率，而且可以促进企业快速成长，充分显示科学管理制度的优越性。目前，企业的逆向管理水平很不适应市场发展的需要，必须加强经济科学和管理科学的研究和运用，来不断提高经营管理水平。因此现代企业的领导者应当努力学习，大力改进和提高逆向管理水平，迅速改变现状，以取得更大的成就。

## 二、奇正统一：逆向管理的巨大魅力

### 1. 与众不同的逆向管理带来了神奇效果

逆向管理是一种同传统管理方式相反的管理。因此，逆向管理就是“反传统”“反习惯”或“非传统”“非习惯”的管理。

在现代企业中，有90%以上是属于传统管理。在当代市场经济的转折和剧变时期，传统的管理或习惯思维更容易发生错误，甚至碰壁。要转折，要变革，要策划，就需要逆向管理。

逆向管理有助于形成商业上的新想法、新的科学概念、新的设计、新产品、新的服务或是新的教学法。

20世纪30年代，美国“绿龟”汽车公司经营着12辆旧车，按时沿美国西海岸往返从事载客业务，价格只有“灰兔”长途汽车公司的一半，线路延伸至美国内地。它的业主加德纳·肯特放弃了与“灰兔”公司（在低价业务竞争方面的一个主要对手）的竞争，决定改变从前一直沿用的传统竞争战略，认为与其毫无指望地企图减少旅程时间，还不如把旅程的时间加长——不是4天而是6天。他把多出的两天用于增添人们在旅途中的各种乐趣，如洗桑拿浴、做游戏，以及在林中漫步等。几年中，加德纳·肯特的“绿龟”汽车公司平均每年载客两万人次。几年后，他买下了“灰兔”公司。反向思考和逆向思维给他的业务带来了突破和戏剧性的效果。

**企业在逆向管理中，运用不同于常规的顺向（或正向）思维的逆向思维，往往也可以收到意想不到的效果。**在竞争日益加剧的情况下，不少企业都在程度不同地运用这种思维和管理方式，特别是在广告宣传的竞争上更为突出。如百事可乐电视广告就非常奇特，充满动感活力，以许多年轻的各国顶级明星为代言人，给人耳目一新的感觉，起到了与众不同的促销效果。这就是利用人们对广告宣传的某种虚假性的提防和意识，在制作手法上运用了逆反性思维。还有些企业专门在自己的产品的广告中说明某种不足，以引起用户注意，反而起到了促销的效果。

在美国某百货商店曾发生过这样的事情：因失窃严重，损失太大，而发动大家想对策。不出所料，大家出了些“增加监视员”“设置更多的摄像机”之类的一般化主意。经理对这些提案极不满意，他知道这些办法各处都在用，效果却不佳。

在想不到别的好办法的情况下，经理请教了公司外的顾问。这位顾问建议：“那么，就雇用些小偷吧！”

经理不由得怀疑自己的耳朵是否正常，但他仔细一想，此法不无道理，于是当顾问说完以后，他莞尔一笑，点头称是：“确是如此，不妨试试看！”

经理回到公司，对此事并未泄露，只是指示职工：“有情报说某偷窃集团盯上了我们的商店，请大家多加注意。”

几天以后，有店员讲：“昨天在我柜台上捉到两个小偷，我把他们扭送到经理那里了。”

“什么？你也捉到了。其实，我也捉到一个。”

这消息在商店里传开后，店员都瞪大眼睛戒备着小偷。

这时，被雇的扒手头儿找到了经理，提出：“经理，已经干不下去了，店员监视得很厉害，实在不好再做手脚，请原谅，偷窃把戏到这里结束吧！”

## 2. 倒“思”逆行，有助于释放企业潜在能量

逆向管理就是要让企业倒“思”逆行，正是这种紧紧把握住市场机遇的倒“思”逆行，使企业获得了很大成功，释放出了企业蕴藏的能量。

逆向管理对新经济条件下企业的发展具有很大的和多方面的作用，主要表现在以下几个方面。

### （1）提高企业的管理手段和经营策略及经济效益

**逆向管理的目标是提高企业的管理手段、经营策略及有限资源的配置效率。**这一效率虽然可以在众多指标上得到反映，例如资金周转速度加快，资源消耗系统减小，劳动生产率提高，等等，但最终还要在经济效益指标上有所体现，即要提高企业的经济效益。无论是提高当前的效益还是未来的效益，都是在增强企业的实力和竞争力，从而有助于企业下一轮的发展。

### （2）降低交易成本

钱德勒曾认为：“在一个企业内把许多营业单位活动内部化所带来的利益，要等到建立起管理层级制以后才能实现。”即管理层级制的逆向管理，使得现代企业可以将原本在企业之外的一些营业单位活动内部化，从而节约企业的交易费用。这就很明显地证明逆向管理及管理创新对企业发展和企业效益提高有重大作用。

### （3）企业稳定与发展的重要力量

企业逆向管理的有序化、高度化是企业稳定与发展的重要力量。有人说管理与技术是企业发展的两个轮子，倘若管理是如此的话，逆向管理自然更是如此，因为逆向管理的结果是为企业提供更有效的管理方式、方法和手段。

### （4）拓展市场，帮助竞争

逆向管理若在市场营销方面进行，则将帮助企业有力地拓展市场、展开竞争。企业在进行市场竞争和市场拓展时，将遇到众多竞争对手（即厂商）和顾客。因此这一竞争过程实为多个博弈对象的动态博弈过程。一个

企业若能在这一过程中最先获得该博弈的均衡解，即管理创新具体方案，便能战胜对手，获得博弈的胜利。这个解无非是在能预见对手们的相应对策条件下寻找出最佳的、新的市场策略和运行方式而已，这就是一种管理的创新。

以上四个方面不过是逆向管理对企业发展的诸多具体作用的一部分，但足以证明逆向管理在企业生存与发展中的地位。正因为如此，**研究逆向管理，探讨逆向管理的未来，既有理论意义又有非常重要的现实意义。**特别是目前中国的企业正在进行制度改革和创新，尤其需要逆向管理加以配合，以成为真正的市场主体。

凭借人类特有的素质，任何正常人都拥有其与生俱来的创造能力和发明能力。经过数百万年的进化，人类从事发现、创造和发明的能力已经深深植根于我们的大脑中。尽管后来的社会、家庭和文化等等因素限制了大部分人的创造性，使人们从事创新的渴望泯灭不见。然而，这种创新精神却依然潜伏在我们身上，可以被重新挖掘出来。

在企业管理中也是如此，激发企业的创造力，企业就能发展，其中逆向思维就是一种旨在激发员工创造力和企业潜能的工具。在实施创新政策权力下放的大小企业里，逆向思维过程将帮助管理者和雇员更具有进取心和创新性。在公司中，当每个人都掌握了创新的思维及手段之后，逆向思维形式便会盛行于各部门和各科室。在这样一种企业文化内，创造性生产力的突破将会不同程度地超过事先的期待，而成为这个时代的鲜明特征。

# 第一章

# 逆向思维，演绎管理创新

## ——逆向管理的源头在于逆向思维

创新是创新思维的产物。在现实生活中，许多重要的突破和创新都具有悖理的特征，都是逆向思维的结果。逆向经营正是产生于企业家的逆向思维。

无论是普通员工还是领导者、企业经营者，他们往往都习惯于顺向思维，习惯于按部就班地思考问题。殊不知这样可能会失去很多发现新的东西的机会。如果能逆向思考，则往往能够迸发出全新的创意，在领导工作或企业经营中创造出惊人的成果。

为了从源头上深入理解逆向管理，很有必要了解一下逆向思维。

## 一、逆向思维是一种创造性的思考

在需要创新时，常规思维方法不仅不能解决问题，而且还会束缚人们的思路，影响人们的创造性。这时，如果善于转换视角，从逆向去探求，从相反的方向去思考，也就是采用逆向思维方法，往往会出现新的思路，产生超常的构思和新观念。

### 1. 逆向管理产生于管理中的逆向思维

纵观科学发展的历史，我们可以看到，一门学科或技术的产生，一般都是求异或求同的产物。物理学是研究了多种物理现象后总结出来的学问，化学是考察各种化学现象后抽象出来的科学，马克思主义哲学是马克思、恩格斯等人总结和继承全人类文化遗产的结论。凡此种种，均为异中求同之结果。而某些交叉学科、边缘学科，如物理化学、地质力学、科学哲学等，则是在那些最基本学科的基础上求异而得的。

企业管理也是如此，也需要经常地异中求同，从而不断地吸取新养料、丰富新思想、充实新内容。如果不能同中求异，则不能突破旧的规范而向前发展。

在企业管理实践中，一般的人习惯于先是求同，只有到了不得已时才求异。殊不知，一些企业卓有成效的管理往往来自逆向思维。

逆向思维与一般人思考问题的方向不同。别人不想或没有想的，认为是正常的事情，你却加以思考，从中发现问题。别人对某一问题通常是这样考虑的，然而你却从其他角度去考虑。通过这样一些逆向思维，通常可以得到许多创新的灵感。

**逆向管理是逆向思维的产物，是企业经营者在生产经营过程中对逆向思维科学、系统地进行总结并加以实践的管理模式。**

美国管理大师汤姆·彼得斯论现代领导时认为："成功的企业领导人将是那些头脑最灵活的人。接受新见解、习惯性地向旧见解挑战，与反论（逆向思维见解）共处的能力，将是有效领导者的首要品质。"他进一步认为，**已有的许多正反相间的状况，正是逆向思维发挥创新作用的条件。**

逆向思维能有效地帮助企业管理者摆脱习惯性思维，以更好、更快的方法来解决企业经营中所面临的问题。管理者在管理过程中，不仅要善于抓住自己“思想火花”的每一次闪现，而且还应该有意识地利用逆向式思维进行管理。

**在企业管理上，国外一些有才干的企业家就很推崇运用“倒过来思考”的方法**。他们认为，现在世界上的一切变化都很快，如果你总是用老眼光看待问题，只会用常规的方法解决问题，那就势必落后、失败，因此必须重视运用反常规的思考方法。在20世纪初时，美国福特汽车公司总经理福特就提出过这样的观点：一个人按照旧有的办法办事，在生活上是许可的，但在经营上却是注定要失败的。

丰田公司的总经理丰田章一郎谈及逆向思维时曾说：“如果说我取得了一点成功的话，是因为我什么问题都爱倒过来思考。”丰田公司所推行的“三及时原则”（时间及时、品种及时、数量及时）中就有这样的规定：“后道工序在需要的时候向前道工序索要所需数量的所需零件。”这种规定，对许多只按常规办事的人来说是无法理解和接受的。按照常规，总是：前道工序→后道工序，当前道工序迟给、少给、不给后道工序所需加工的零部件时，后者只能等待，后道工序总是处于被动地位。丰田把它倒了过来。一反常规，由后道工序向前道工序提出要求：你得保证按时、按品种、按数量给我零部件！不得有误！这样使后道工序处于主动地位，从而强化了企业的科学管理。

美国心理学家詹姆斯说，**天才乃是能以“非习惯性的方式”去理解事物的人**。这个说法很有哲理。

### 2. 逆向思维即从反方向来思考问题

何谓逆向思维？逆向思维是一种突破常规定型模式和超越传统理论框架、把思路指向新的领域和新的客体的思维方式。逆向思维就是有意识地从常规思维的反方向去思考问题的思维方式即我们通常所说的“从反面去想想”“唱唱反调”。由于它主动地打破了常规思维的单向性、单一性、习惯性与逻辑性，能使我们去注意和思考容易忽略的问题的另一端、另一点、另一面，这样就有助于我们全面、深入地思考问题，在常规思维之外找出解决问题的新方法。

**逆向思维不迷信原有的传统观念和经典信条，对既定事物进行批判性思考，体现的是一种叛逆精神**。这种思维在一般人看来是不合情理甚至是荒谬的，但正是因为采取了这种思维，创造者才得以摆脱传统观念和习惯势力的桎梏，向着崭新的方向跃进，创造出新的观念和理论来，导致革命的出现，实现新旧理论的更替。

可以说，科学史上的每一次飞跃都是逆向思维的结果，或推翻原有的学说和理论，或突破原有限制把科学引向新的领域。

马克思对人类所创造的一切，都用批判的眼光加以审视，人类思想上有所建树的一切，他都做过重新探索。正是在这种批判的审视、探索中，他完成了光芒四射的两大发现——剩余价值学说和辩证唯物史观。

哥白尼推翻托勒密的地心说创立日心说，牛顿推翻亚里士多德的力学理论创立牛顿力学理论，爱因斯坦突破牛顿的经典力学创立相对论，达尔文推翻物种不变论创立进化论，这些都是典型的逆向思维的范例。

**逆向思维技巧就是不采用人们通常思考问题的思路，而是从对立的、相反的角度去思考问题，也就是人们常说的“反其道而行之”**。虽然这种方法看起来很荒唐，但它实际上是一种非常奇特而又绝妙的技巧，往往能出奇制胜，最终获得突破性的发明创造。

逆向思维是一种领导者常用的很重要的创新思考方法，它有着广泛的适用范围和显著的创新作用。可以这么看：无论你思考的是哪个方面的问题，按照常规思路去思考，大家都懂，大家都会，因此也就早有很多人都那样想过了。领导者的思维方式就是不满足于重复别人的思路，不满足于停留在别人已经达到的高度。而要有新的突破，新的创造，这就需要常常运用逆向思维。

**逆向思维作为通向成功之路的一种捷径，它缩短了行动与目标之间的距离**，是成功人士发掘机遇，牢牢把握机遇的窍门，它的匠心独具、别出心裁，往往能为领导者实现领导工作中的独创性贡献力量。

### 3. 逆向思维的客观依据

逆向思维“反其道而行之”之所以能够成功，该理论之所以能够被世人所用，因为它有一定的客观依据。

**（1）事物之间的“顺向”关系与“逆向”关系是相对的**

任何事物的性质都具有绝对和相对这样两个既互相区别又互相联系的方面。事物的绝对性是无条件的、不可改变的；事物的相对性是有条件的、可改变的。就“逆向思维”中的“逆向关系”来说，它的绝对性表现在，它本身不是“顺向关系”，并区别于“顺向关系”；“逆向关系”的相对性则表现在，在特定条件下，具有“顺向关系”的两个或多个事物，有可能又具有“逆向关系”。

**（2）许多不同的事物在相反的条件下会产生相同的结果**

许多不同的事物虽然处在相反的条件下，但由于它们包含的各种具体因素所起的错综复杂的作用，使其有可能产生相同的影响，造成相同的结果。这样的现象是相当多的。例如，睡眠过少，头脑会发昏，人的精神会不好；相反，睡眠过多，头脑也会发昏，人的精神也会不好。

**（3）有的事物之间在一定的发展阶段上会发生某种关系颠倒**

**事物之间的关系在一定发展阶段上会发生变化，这是普遍规律。**这种变化有时会呈现出某种关系的颠倒。事物之间的关系在一定发展阶段上发生某种颠倒，其具体表现是多种多样的，产生的原因也是多种多样的。例如，我国在改革开放之前，长期以来都是“以产定销”。产品与市场的关系是“产品——市场”。即工厂根据上级下达的计划安排产品的关系，然后再由商业部门送到市场上去出售。现在则发生了根本性变化，产品与市场的关系倒过来成为“市场——产品”，也就是说，现在的工厂是根据市场的需求“以销定产”。

### 4. 逆向思维的主要特征

逆向思维作为一种有别于正向思维的思维方式，有其特别的地方。那么它与正向思维方式相比，具有哪些特征呢？

**（1）普遍性特征**

**事物都既可以从正面思考，也可以从反面思考。**所以，逆向思维在不同领域、各种活动中都具有适用性，如市场营销、服装设计、教育培训等。它的形式和内容多种多样。思维实践证明，人们在不同领域、各个活动的思维过程中都经常性地使用了逆向思维。无疑，逆向思维具有普遍性的特征。

**（2）多样性特征**

不同领域或不同事物的表现形式是多种多样的，这就决定了逆向思维必须根据不同领域或不同事物的不同表现形式采取相应的思维形式，如事物属性上对立两级的转换，即坚强与懦弱，优点与缺陷等；结构、位置上的互换颠倒，即上与下，左与右等；过程上的逆转，即气态变液态或液态变气态、电转为磁或磁转为电等；方法或手段上的变换，即正面论述改为反面论证，或反面论证改为正面论述等。

**（3）批判性特征**

在思维实践的过程中，逆向思维是建立在对传统、惯例、常识的反叛基础上的，是对常规思维的否定和挑战。这种思维克服了思维定式，破除了由经验和习惯造成的僵化的认识模式，批判传统、常识；但同时也需要胆量和勇气，即需要批判性精神。正是这种批判性精神决定了逆向思维的批判性特征。

**（4）新奇性特征**

人们总是按照传统的思维方式思考问题，久而久之，思维就会陷入一种呆板的模式。有时候思维会陷入死胡同。逆向思维以反方向、反惯性的方式提出问题、思考问题、解决问题，所以它提出和解决的问题常常能够收到令人振奋的效果，给人耳目为之一新的感觉，具有很突出的新奇性。

**（5）突破性特征**

运用常规思维，由于受经验或习惯的束缚，思想观念就会长期地停留在原有的基础上，很难有进步和发展。而运用逆向思维，就可以冲破习惯的束缚，产生前人从来没有过的解决问题的方法。不少科学家的创造发明，政治家的崭新的思想观念，都是运用逆向思维所创造的灿烂成果。

### 5. 逆向思维的具体方法

逆向思维往往通过位置颠倒、上下调整、思考易位和选择易位四种方式来实现。

**（1）位置颠倒**

**位置颠倒逆向思维法就是一种通过颠倒甲、乙两事物的位置关系，而形成新的看法，产生新的设想和思维方法。**

两个（以及多个）事物之间在空间上总是保持着一定的位置关系。或两两相对，或一前一后，或一上一下，或一左一右……从甲所处的位置看乙，以及看乙与甲的关系同从乙所处的位置看甲，以及看甲与乙的关系，得出的认识往往会不同。由于有这种不同，在创新思维过程中，对事物之间的位置关系展开逆向思维，也就有可能产生新的看法和设想。

所谓位置颠倒逆向思维法就是一种通过颠倒甲、乙两事物的位置关系，而形成新的看法，产生新的设想和思维方法。

**（2）上下调换**

以前冰箱的冷冻室一直都是在冰箱的上半部分。因为冷空气的比重较大，它会自动地从上向下流动，将冷冻室放在上半部分有利于冰箱对冷空气的利用，人们认为这样的设计是合理的。但它存在一个问题：冰箱的上半部分，人们取放食物不必弯腰，是人们使用冰箱最方便的高度。一般家庭开启冷藏室的次数，比开启冰冻室的次数要多得多。从这个角度看，将冷冻室的位置定在冰箱的上半部分并不理想。日本夏普公司的科研人员利用逆向思维，认为可以将冷冻室和冷藏室的位置上下调换，只要能把下面冷冻室的冷空气提升到冰箱的上半部分就行。沿着这样一条思路，他们很快就想出了解决问题的办法：在冰箱内安装上风扇和一些通风管道，通过它们将下面冷冻室的冷空气提升到上面的冷藏室。就这样，市场上便出现了冷藏室在冰箱上半部分的新型冰箱。

**（3）思考易位**

**位置逆向这一思路，同样也可以用于思考其他方面的问题。**

美国的蒙哥马利将军在第二次世界大战中，每当战斗开始，他总是要把敌军统帅的照片放在自己的办公桌上。他说，他看着对手的照片就会经常问自己：如果我处在他的位置上，现在我会做什么？他认为，这对他做到知己知彼大有好处。

美国有一位中学校长，当某个学生违犯了校规，他就把这个学生叫到校长办公室，让这个学生坐在他的椅子上，他自己则坐在来访者的椅子上，然后才开始交谈。他介绍说，这能使学生处在学校负责人的位置上更好地考虑和认识自己所犯的错误。

国外有的城市规定，肇事司机必须到医院去当护士，负责照顾被他所压伤或撞伤的伤员。这些城市做出这一规定的目的在于，让司机通过照顾伤员，体会被汽车压伤或撞伤的痛苦，以便更好地从自身出发总结经验教训，防止今后再发生汽车肇事事故。

**（4）选择易位**

公司招聘职员，有一道试题是这样的：一个狂风暴雨的晚上，你开车经过一个车站，发现有三个人正苦苦地等待公交车的到来——第一个是看上去濒临死亡的老妇，第二个是曾经挽救过你生命的医生，第三个是你的梦中情人。你的汽车只能容得下一位乘客，你选择谁？

每个人的回答都有他的理由：选择老妇，是因为她很快就会死去，我们应该挽救她的生命；选择医生，是因为他曾经救过你的命，现在是你报答他的最好机会；选择梦中情人，是因为如果错过这个机会，也许就永远找不回她（他）了。而唯一竞聘成功的应聘者的答案是：把车钥匙给医生，让他开车送老妇去医院，而自己留下来陪梦中情人等待公交车。

**思维逆转本身就是一种灵感的源泉**。在工作中遇到问题，领导者不妨多想一下，朝反方向考虑一下解决的办法，做一条反向游泳的鱼，去寻找属于自己的道路。

## 6. 逆向思维的类型

逆向思维的多种实现方式，从一个侧面说明了逆向思维具有多种类型。

（1）结构逆向思维

结构逆向思维是指从已有事物的逆向结构形式中去设想，以寻求解决问题新途径的思维方法。一般可以从事物的结构位置、结构材料以及结构类型进行逆向思维。

家用洗衣机的脱水缸，它的转轴是软的，用手轻轻一推，脱水缸就东倒西歪。可是脱水缸在高速旋转时，却非常平稳，脱水效果很好。当初设计时，为了解决脱水缸的颤抖和由此产生的噪声问题，工程技术人员想了许多办法，先加粗转轴，无效，后加硬转轴，仍然无效。

最后，他们运用逆向思维，弃硬就软，用软轴代替了硬轴，成功地解决了颤抖和噪声两大问题。这是一个由结构逆向思维而诞生的创造发明的典型例子。

（2）功能逆向思维

功能逆向思维是指从原有事物的相反功能方面去设想，寻求解决问题新途径的思维方式。功能逆向就是从事物的某种作用的相反方向去思考，从而提出新想法实现创新。

任何事物都能起各种各样的功能，通过采取一定的措施，就有可能使事物起到与原有功能相反的作用，包括使它的对人不利的作用变为对人有利的作用。

1999 年 3 月 1 日《新民晚报》登出一则标题为“灵机一动，省下亿元——超大型船将倒航进出宝山港池”的消息。介绍了上海港一位高级领航员利用逆向思维提出了超大型船舶不用掉头而是倒进港的金点子。文章说，随着上海港集装箱运输的迅猛发展，进行集装箱装卸的主要港区张华浜码头和军工路码头能力已经饱和。而宝山港池却因掉头区和部分航道太窄的限制，重载超大型船舶卡在港池外面，面临“吃不饱”的窘境，集装箱吞吐量日益萎缩。为此，上海召开了多次专家会议，大都认为要想解决这一问题难度极高、花费巨大。当时以特邀身份参加会议的上海港引航站站长、高级引航员杨锡坤，用逆向思维的方法大胆提出与众不同的新设想：用倒航的办法将超大型集装箱船引入宝山港池。这就一举解决了超大型船体掉头难的问题，这一方案不仅可以免去上亿元的扩建港口工程费用，而且能大大缩短船公司的运货期。

上海集装箱码头有限公司闻此“金点子”欣喜万分，当即委托设计单位按倒航方案重新规划。1998 年 12 月 28 日，在宝山港区超大型船舶进出港澳可行性研究项目论证会上，专家组认为，倒航可行性研究立题具有创新精神，设想大胆新颖，具有在全国各港口推广的价值。

逆向思维是一种辩证思维，它不同于一般的形式逻辑思维，他要求人们跳出单向的线性推导路径，在逻辑推理的尽头突然折返，思路急转直下。

再如，众所周知的“粘贴纸”发明过程，就是3M 公司的一个职员无意中进行了功能逆向思维，将原本发明失败的低黏合度的纸张，经过处理成为可以有随意粘贴撕取功能的“即时贴”，从而为公司创造了巨额的利润。

**（3）状态逆向思维**

**状态逆向思维是指人们根据事物某一状态的逆向方面来认识事物，引发创造发明的思维方法。**

高尔夫是许多人喜欢的体育运动，但是高尔夫球场的要求很高，占地很大，必须种上高质量的草坪，其造价十分昂贵，使普通老百姓难以涉足。能不能在普通的水泥地上打高尔夫球呢？有人想出了绝妙的主意：普通的高尔夫球在草地上滚与带“毛”的高尔夫球在水泥地上滚不是差不多吗？于是有人就发明了带“毛”的高尔夫球，可以在普通的水泥地上打。这一发明深受高尔夫球爱好者的欢迎，同时也给发明者带来了巨大的财富与荣誉。

传统的破冰船，都是依靠自身的重量来压碎冰块的，因此它的头部都采用高硬度材料制成，而且设计得十分笨重，转向非常不便，所以这种破冰船非常害怕侧向漂来的流水。苏联的科学家运用逆向思维，变向下压冰为向上推冰，即让破冰船潜入水下，依靠浮力从冰下向上破冰。新的破冰船设计得非常灵巧，不仅节约了许多原材料，而且不需要很大的动力，自身的安全性也大为提高。遇到较坚厚的冰层，破冰船就像海豚那样上下起伏前进，破冰效果非常好。这种破冰船被誉为“21世纪最有前途的破冰船”。

(4) 因果逆向思维

因果逆向思维是指从已有的事物的因果关系中，变因为果去发现新的现象和规律，寻找解决问题新途径的思维方法。在电的发明史上，从奥斯特的电能生磁到法拉第的磁能生电，它们之间就有着因果逆向思维的联系。其他如爱迪生发现送话器听筒音膜有规律的振动到他发明留声机，近代的无线电广播的播放与接收，录像机的发明与摄像机的发明，这些都属于因果逆向思维的成果。可见，因果逆向思维也是进行发明的有效方法。

## 二、逆向思维是通向成功的捷径

成功之道，本来就有两种，一是顺受，二是逆取。当自己不能顺利地取得成功的时候，不妨试一下逆取，也许会取得意想不到的结果。逆向思维即是一种能够产生新的创意的思维方法，运用逆向思维是企业经营者思维创新的重要形式。

### 1. 逆向思维充满着创新的智慧

逆向思维是人类重要的思维方式，人类许多发明创造和对事物认识的不断深化，都是运用逆向思维的结果。那么逆向思维究竟有哪些作用呢？

(1) 帮人解决常规思维难以解决的问题

20世纪40年代，方块糖虽然用防湿纸包装，但是，密封纸张不管有多厚、有多少层，时间一长，方块糖仍会渐渐变潮，甚至发黄。各家制糖公司动用了不少专家，耗费了不少资金，就是找不到有效的防潮方法。科鲁索是一家制糖公司的普通职员，因为每天都接触方糖，对方糖的性能很熟悉，工作之余，他也琢磨着怎样才能够找到一个有效的防潮方法。他尝试了很多方法都没有效果。这天，他异想天开地在方糖的包装纸上打了一个洞，结果，空气的对流使得方糖受潮现象一下就消失了，终于解决了很多专家都头疼的问题。科鲁索也因此得到了晋升。

很多时候，人们通常都是按照自己对事物的理解去处理事情，但是他们并不知道自己的理解是否正确，是否遵循了事物的规律。**其实很多事情的结果往往与人们的理解恰恰相反，如果人们只按照自己的理解去处理事情，那么难免会出现“南辕北辙”的笑话。**

所以我们在平常工作、生活中，运用逆向思维有助于解决常规思维难以解决的问题。

**（2）使人独辟蹊径，从而制胜于意料之外**

一次，一企业老板想为公司增设一些新电梯，于是请来了一位建筑师。怎样在公司里安装新电梯呢？经老板和建筑师商议，他们一致同意在每层楼打洞，然后再安装电梯。

老板和建筑师的谈话被一位清洁工在无意间听到了，清洁工走上前对他们说：“这要是在每层楼都打个洞，肯定会尘土飞扬，那我们是不是就不用上班了呢？”

老板一听，连忙说：“这怎么行？大家都不上班，这让外人以为我们公司倒闭了呢！”建筑师说：“那怎么办？”清洁工随口说了句：“那就把电梯装在楼外面吧！”建筑师一听，心想：装在外面？别说，这个主意还真不错！于是老板和建筑师最终商定把电梯装在外面。

现在，装在建筑物外面的电梯已随处可见。

按照常理，清洁工在建筑方面的知识肯定不如建筑师那么丰富，但是却提出了很好的解决方案，原因何在？就是因为建筑师习惯按照过去的专业知识来解决问题，因而突破不了“电梯只能安装在建筑内”的思维模式，而清洁工在建筑方面一窍不通，反而不会受到一些惯有思维的影响，因而能提出建筑师完全想不到的方案。

**（3）使人将复杂问题简单化，从而使效果成倍提高**

有这样三家裁缝店，裁缝们的手艺都不错，只因三家店都在一条街上，这使得竞争非常激烈。为了让顾客知道自己的店是最好的，三家裁缝店店主都在冥思苦想。

一天，第一家裁缝店店主在门外摆了一个牌子，牌子上面写着“全城最好的裁缝店”几个大字。第二家裁缝店店主看见第一家店居然大言不惭，为了压过他们，也在店外摆放了一个牌子，牌子上写着“全国最好的裁缝店”。

第三家裁缝店店主是个犹太人，他看着着急了：这一个说自己是“全城最好的裁缝店”，那一个说自己是“全国最好的裁缝店”，接下来我只能说自己是“全世界最好的裁缝店”了，这也太夸大了。犹太人冥思苦想，终于想出了一个好主意，他也在店外摆出了一个招牌，上面写着“本街最好的裁缝店”。这一招牌一摆出，很快吸引了许多顾客。

聪明的犹太人知道，既然另外两家的广告都说到了“最好”的程度，那么再做更大噱头的广告，难免会让人觉得不可信。在常人都用正常的思维方式去思考问题时，聪明的犹太人转变自己的思维，运用了逆向思维的方式将复杂的问题变得简单化，运用了“本街最好”一词。在顾客看来，“本街最好”就是三家裁缝店中最好，而且“本街最好”听起来更有亲和力，更容易让顾客接受，因而犹太人的裁缝店的生意比另外两家好。

### 2. 颠覆思路，结果会大不相同

利用逆向思维方法，可以巧妙地解决一些我们正常思维所不能解决的问题。把思维方法来个180°大转变，有时会取得意想不到的效果。历史上有许多成功者都是采用逆向思维法而取得重大成就的。

我国著名的速算专家史丰收，在上小学的时候就产生了这样的想法：数学演算为什么一定要从右到左，从低位数开始呢？计算法不能像读书写字那样也从左到右，从高位数开始吗？他长时间地沉浸在这个将计算过程进行颠倒的问题中，通过不懈努力，终于创造了驰名中外的史丰收速算法。

**人们习惯于沿着事物发展的正方向去思考问题并寻求解决办法。**其实，对于某些问题，尤其是一些特殊问题，倒过来思考，从求解回到已知条件，反过去想或许会使问题简单化，使解决问题变得轻而易举，甚至因此而有新发现，创造出惊天动地的奇迹来，这就是逆向思维的魅力。

宋神宗熙宁年间，越州地区闹蝗灾，庄稼受到严重影响，粮食产量急剧下降，出现供应缺口，使得粮食的价格暴涨。

朝廷任命赵汴为越州知州，前去救灾。赵汴刚一上任就召集大家商讨怎样度过灾荒难关。大家一致同意说："依照惯例，都是州府张贴布告，严禁那些商人趁火打劫、哄抬米价，这样才能解救老百姓啊！这附近的州县都已经贴出布告了，我们也赶快行动吧！"

赵汴挥挥手说："不急，容我再思考思考。"赵汴沉思良久后，对大家说："这布告肯定是要贴的，但我不是宣布压制米价，而是要反其道而行之，告示要告诉四面八方的人，米价可以任由加价出售。"大家一听，目瞪口呆，怀疑地说："什么？可以自由上涨？这，这……"赵汴笑了笑，十分肯定地对大家说："好了，你们就按照我说的做吧，大家放心！"

大家带着怀疑照着赵汴所说的办了，他们在各个街口都张贴了可以自由加价的告示。同时，附近州县也贴出告示：严禁乱加米价，如有违抗者，一律严惩不贷。这时，商人们都看到越州贴出不限米价的告示，于是，四面八方的米商一拥而至，都想在越州卖个好价钱。

来越州的米商越来越多，但米价却很高。老百姓看见这么高的米价，都不敢买。可这米也不能一直堆在仓库里啊，这大老远地把米运到越州，要是再运回去，会加大成本。于是许多米商为了降低成本，便纷纷降价。米价跌得一天比一天快，就这样越州的老百姓以略高一点的米价买到了米，保证了老百姓的正常生活。附近州县的米价低，但却供不应求。

**一个人要想成功，要想在解决问题时少遇到一些阻碍，防止自己的思维走入死胡同，那么适时地运用一下逆向思维，往往可以收到惊喜。**

通常，人们在思考问题时，思维的注意力会自然而然地盯住明显的或对自己有利的思路，而对那些不太明显或对自己不利的思路则视而不见。这本无可厚非，但是在一些特殊情况下，比如在两军对垒的战场上，远和近一旦与对方兵力部署的虚和实相结合，矛盾的双方就会向各自的相反方向转化：远而虚者，易进易行，行动快，费时少，成了实际的近；近而实者，难进难行，行动慢，费时多，成了实际上的远。如果还是按照常规的思维方式决定远近的取舍，势必会造成行动上的失误，欲近实远，欲速不达。**在这种情况下，还是那些善于采用逆向思维、舍近求远的人能最先到达目的地。**

### 3. 精明的犹太商人精于逆向思维

犹太商人的精明闻名全球。殊不知，他们的精明往往来自于他们的逆向思维。

请看下面一个例子。

一个犹太人走进纽约的一家银行，来到贷款部，大模大样地坐了下来。

“请问先生有什么事情吗？”贷款部经理一边问，一边打量着来人的穿着，豪华的西服、高级的皮鞋、昂贵的手表，还有领带夹子。

“我想借些钱。”

“好啊，你要借多少？”

“我借1美元。”

“只需要1美元？”

“不错，只借1美元，可以吗？”

“当然可以，只要有担保，再多点也无妨。”

“好吧，这些担保可以吗？”

犹太人说着，从豪华的皮包里取出一堆股票、国债等等，放在经理的写字台上。

“总共50万美元，够了吧？”

“当然，当然！不过，你真的只要借1美元吗？”

“是的。”说着，犹太人接过了1美元。

“年息为6%。只要您付出6%的利息，一年后归还，我们就可以把这些股票还给你。”

“谢谢。”

犹太人说完，就准备离开银行。

一直在旁边冷眼观看的分行长，怎么也弄不明白，拥有50万美元的人，怎么会来银行借1美元这种事情。他慌慌张张地追上前去，对犹太人说：

“啊，这位先生。”

“有什么事情吗？”

“我实在弄不清楚，你拥有50万美元，为什么只借1美元呢？要是你想借三四十万美元的话，我们也会很乐意的。”

“请不必为我操心，只是我来贵行之前，问过了几家金库，他们保险箱的租金都很昂贵。所以嘛，我就准备在贵行寄存这些股票。租金实在太便宜了，一年只需花6美分。”

这个故事可能只是一则笑话，一则只有精明人才想得出来的关于精明人的笑话，这样的精明，一般人是学不到的，因为它不仅是盘算上的精明，首先更是思维上的精明。

贵重物品的寄存按常理应放在金库的保险箱里，对许多人来说，这是唯一的选择。但犹太商人没有囿于常理，而是另辟蹊径，找到让证券锁进保险箱的方法。从可靠、保险的角度来看，两者确实没有多大区别，除了收费不同。这就是犹太商人在思维方式上用的所谓“逆向思维”。

通常情况下，人们是为借款而抵押，总是希望以尽可能少的抵押争取尽可能多的借款，而银行为了保证贷款的安全或有利，从不肯让借款额接近抵押物的实际价值，所以，一般只有关于借款额上限的规定，其下限根本不用规定，这是借款者自己会考虑的问题。

然而，就是这个银行“委托”借款者自己管理的细节，激发了犹太商人的“反向思维”：犹太商人是为抵押而借款的，借款利息是他不得不付出的“保管费”，既然现在没有关于借款下限的规定，犹太商人当然可以只借1美元，从而将“保管费”降低至“6美分”的水平。

这样一来，银行在1美元借款上几乎无利可图，而原先可由利息或罚没抵押物上获得的抵押物保管费也只收取了区区6美分，纯粹成了为犹太商人义务服务。

## 三、逆向思维能力的训练方法

逆向思维不是一种基因，不能天生地植入人的体内，而是后天不断培养和训练的结果。一个人要想提高逆向思维的能力，就需要掌握科学的方法，进行培养和训练。

## 1. 敢于怀疑：逆向思维的内在要求

发挥逆向思维必须要有一种敢于怀疑的精神。这种精神越强烈越好。一些逆向思维者并不认为习惯性的做法总是正确的，是最佳的，是不会有坏处的。

**怀疑能打破迷惑。这个世界上，有许多扑朔迷离的东西，有时候我们会相信其表面现象，这就需要我们有怀疑精神。**

许多习惯性的做法都是欠考虑的。就人的天性而言，做某些事不需要任何理由，因为其他人都这么做，这就被称为习惯或常规。例如，人们曾经习惯于戴着浅顶软呢帽去办公室上班。当然，这么做不会有很大的危害，然而人们却不切实际地在并不吸引人的穿着上花费了数十亿美元。或者想象一下，在许多办公室里，人们仍然必须穿着西装工作，而事实上，人们穿戴保守的夹克、领带和裤子也更合适。也许，我们应该去除这些习俗和常规。这样做有一个很大的优点——人们不必为穿着花费太多的心思。更重要的是，还可以避免引起人们的注意。

但有时候，一些重要的事正危若累卵。例如，在美国东部地区，人们为了给草地洒水需使用30%的水源，而在西部地区，人们甚至需要用60%的水源。水是一种逐渐减少的资源，而草地的肥料造成了环境污染，它们含有百万吨级的有害化学物质。此外，每周都有许多人花几个小时使小草保持两英寸的高度，但这些草立刻又会使劲地疯长。即使无望也想试图达到它们应有的两米高度。但是否非这样不可呢？

也许对我们来说，浇水、施肥和剪草并非是不经思考的事。但是，不对其提出疑问就是欠缺考虑。敢于怀疑的精神会给我们一些帮助，这一精神已经使一些人开始思考怎样重新设计我们房子周围的空间。室外的空地能否不被草地所取代，草地能否不需要经常浇水、施肥或修剪，我们能否拥有这样一块草地——草长得不快，不需要那么多的肥料和水。

阿尔伯特大学的研究者们认为，他们已经找到这样一块草地：草长得不快，最终也长不了多高。

### 2. 逆向思维的基本切入点

#### （1）从已有事物的相反功能去设想新的技术、发明或寻求解决问题的新途径

日本索尼公司的名誉董事长盛田昭夫就非常精于用逆向思维思考问题，可以说是此中高手。不仅如此，他还善于抓住身边的每一次机会。一次，盛田昭夫去理发店理发，当他通过对面的镜子看电视时，觉得因为镜子的反射作用而出现的反向电视画面很令人不舒服。在别人看来，本来就该这样，谁让镜子偏偏就是通过反射这种作用来达到为人正容的目的呢？但是，这却使盛田昭夫产生了一种奇特的想法：如果能生产一种显映反画面的电视机，那么通过镜子不就可以看到正常图像了吗？这样不舒服感也就无从谈起了。回到公司，他立即召集技术人员，以期将这个想法付诸实现。终于，一种新的显映反画面的电视机上市了。这种新型电视机的问世，为索尼公司开辟了一个更大的市场，带来极可观的经济效益。

#### （2）利用常人认为最不可能的方法去解决问题

俗语曰：“最危险的地方就是最安全的地方。”这是逆向思维的一种表现。巧妙地运用逆向思维能在竞争中占据主动地位。

1942 年 1 月，苏联红军第 26 坦克军军长罗金少将接到反攻命令后，决定利用黑夜夺取顿河上最后一座大桥。当时，德军也在撤退，防御区长达几十公里。22 日凌晨 3 时，罗金命令上百辆坦克的先头部队全部开起车灯，一路纵队向大桥挺进。德军看到这一排队列整齐、车灯明亮、浩浩荡荡的坦克纵队，以为是自己的部队在撤退，便让这些坦克大摇大摆地开过。于是，苏联坦克兵不费一枪一弹，抢占了顿河大桥，切断了敌人的退路。

为了克服固定的、习惯性的思维的消极作用，我们应该时常提醒自己：“从逆向去思考会怎样？”对有些问题还可以大胆地问一下自己：“颠倒一下行不行？”

### 3. 训练逆向思维的具体方法

#### （1）方位逆向法

**方位逆向就是双方完全交换，使对方处于己方原先位置的换位。它不仅仅是指物理空间，更是指一种对立抽象的本质。**其相反相成的对立面有：入——出、进——退、上——下、前——后、头——尾等。

1927 年，德国乌发电影公司摄制世界上第一部太空科幻故事片《月球少女》。在拍摄火箭发射的镜头时，为了加强影片的戏剧效果，导演弗里慈·朗格想出一个点子，将顺数计时 1、2、3、发射，改为 3、2、1、发射！这一颠倒的发射程序引起了火箭专家的极大兴趣。经研究，专家们一致认为这种倒数计时发射程序十分科学。它简单明了、清楚准确，突出地表示了火箭发射的准备时间逐渐减少，使人们思想高度集中，从此以后，火箭或导弹发射都采用了倒数计时的程序。朗格用逆向思维的方法，反退为进，无意间创造了一种新的表达式。

这种前后颠倒的发明思路与发明缝纫机时最重要的一环——将针孔打在针头而不是针尾上是一样的。关键在于敢不敢逆向思考，就像史丰收速算就是由于逆向思考，当所有的人都规规矩矩地从右向左计算，史丰收偏偏不信这个邪，硬是从左向右计算，终于成为神算家。

方位的逆向并不是最终的目的，逆向只是一种手段：物与物逆向换位可以改变原来的作用，产生新的效果，人与人的逆向换位则可以使自己站在对方的角度进行观察和思考，达到切入核心的目的。

#### （2）属性逆向法

**事物的属性往往是多向位的，一件事情可以从不同的角度去理解，即使同一件事情从不同的角度观察，其性质也可以是多方面的，并且是相互转化的。**就像钱钟书说的“以酒解酒、以毒攻毒、豆燃豆萁、鹰羽射鹰”包含着极大的矛盾性，例如好——坏、大——小、强——弱、有——无、动——静、多——寡、冷——热、快——慢、有——无、增——减、生——死、出——入、始——末、水——火等。

尽管我们已经非常熟悉这些对立统一的范畴，但要真正用创新思维去思考这些命题并实现有实际价值的转化，确实不是那么简单的。就像大家都知道水火不相容，甚至也知道这两者之间也是可以互相转化的。但实际生活中又有多少人能将其转化为现实的价值呢？恰恰在这一点上，澳大利亚人里克·伯奇给我们上了一课，他提出并设计了令全世界惊叹的悉尼奥运会开幕式——熊熊的火焰从碧绿的水中冉冉升起，这是从钻木取火到火箭升空，数万年人类永不停歇的童话般的梦想，这是从希腊赫拉克利特开始无数的思考者，在对立统一的思辨中不懈追求的永恒活火。

**逆向思维说到底，就是学会从水中生出火，从火里变出水来。这不仅是一种方法，更是一种意识。以水灭火是经验，以火灭火就是创新了。**

**（3）因果逆向法**

逆向思维中“倒因为果，倒果为因”方法在生活中的应用是极其广泛的，有时，某种不利的结果在一定的条件下又可以反转为有利因素，关键是如何进行逆向思考。

有一则国外著名的获奖影视广告，创意是这样的：某人手拿一只高级的照相机在不停地拍照，内藏闪光灯不停地闪烁。突然，闪光灯不闪了，几次按动快门都没有反应，于是将照相机放在桌上，然后取出几节电池，接下来发生了令所有人都想不到的动作——毫不犹豫地扔掉照相机，再换一个新的照相机，然后不慌不忙地装上刚才换下来的旧电池，等到再拍时，闪光灯又接二连三地闪起来了。当所有人都凭经验把照相机闪光灯不工作的原因归结为电池用完了，该换电池时，广告的精彩之处就显现出来了——用逆向思维的方法倒因为果。让所有人在惊叹之余，不得不佩服主创人员的逆向思维能力。

**（4）心理逆反法**

心理逆向是逆向思维的一种常见方法，心理逆反法即是指在思考的过程中摒弃自身局限，先探究对方的思想，然后反对方的思路而行事。

从前有一个国王，他有两个美丽的女儿——总是说真话的艾米利亚和总是说假话的蕾拉。两个女儿中有一个已经结婚了，而另一个还待字闺中，但是国王从来都没有公开过这桩婚事，民众们甚至不知道是国王的哪一个女儿结了婚。

为了给另一个没有结婚的女儿也找到幸福——一个文武双全的驸马，国王决定举行一场比武会。当一名武艺高超的青年男子顺利胜出时，国王宣布了这次比赛的附加规则，让青年心中惴惴不安起来。国王说，胜者必须说出他希望娶的公主的名字，如果是单身的那个公主，第二天他们就能成婚，可如果是已经结婚的那个公主，青年将立刻丧失和公主成婚的资格。当然，也不会让青年漫无目的地瞎猜，国王允许青年向某一位公主问一个问题，但是问题不能超过五个字。更夸张的是，青年只知道两个公主的名字，却不能把公主和名字对上号。

你能帮助这个胜利的青年赢得美丽的公主吗？

很明显，这个问题站在青年的角度是永远不会有答案的，所以思考的目标必须转到国王的女儿身上。想仅仅依靠一个不超过5个字的问题找出被问问题的公主叫什么名字和她是否已经结婚是不可能的，根据最终目的——说出没有结婚的公主的名字，只能寄希望于找到“哪个名字的公主结了婚”。

其实答案很简单，只需要问：你结婚了吗？

鉴于艾米利亚永远说实话而蕾拉永远说假话，如果得到的回答是“是”，那么必然是艾米利亚结婚了而蕾拉没有，青年只需要说“我要娶蕾拉”即可。

这其实是一道逻辑题，但是人们不难发现里面反逻辑的思维方式：猜测对方想法，反其道而行。掌握心理逆反思维法，你必须迈出“逆”的第一步。

### 4. 逆反心理让逆向思维巧妙实施

在工作和生活中，只要善于利用逆反心理，就会在处理问题时收到意想不到的效果。

#### （1）逆反心理

威尔逊是一个美国商人，专门经营香烟。这位商人运气不好，几年来商品几乎无人问津，一直亏损，濒临破产。他百思不得其解，最后决定改变经营方法。

一天，他在商店门口画了一大幅广告："请不要购买本店经营的卷烟，据估计，这种香烟的尼古丁、焦油含量比其他店的产品高1%。"另用红色大字标明："有人曾因吸了此烟而死亡。"这一广告因别具一格而引起电视台记者的注意，通过新闻节目，人们便对这一商店很熟悉了。一些人专程从外地来买这种烟，称"买包抽抽，看死不死人!"，有些人抽这种烟是想表示一下自己的男子汉气概。结果，这个店的生意因此日渐兴隆，后来成为拥有5个分厂、14个分店的大企业。

### （2）失常之作

**"逆反心理"是一种常见的心理现象，它不仅被人们利用在商业中，而且运用于生活中的各个方面。**

在美国，有一位收藏家名叫诺曼·沃特。他看到众多收藏家为收购名贵物品而不惜千金，灵机一动：为什么不收藏一些劣画呢？他收购劣画有两个标准：一是名家的"失常之作"，二是价格低于5美元的无名人士的画。没多久，他便收藏了200多幅劣画。

1974年，他在报纸上登出广告，声称要举办首届劣画大展，目的是让年轻人在比较中学会鉴别，从而发现好画与名画的真正价值。

出乎人们的意料，这一画展非常成功。沃特的广告广为流传，成为人们茶余饭后不可少的话题。观众争先恐后参观，有的甚至从外地赶来。

沃特的成功之处在于他的"劣画大展"独树一帜，十分新鲜，迎合了观众的"逆反心理"。

### （3）丑陋玩具

有一次，美国艾士隆公司董事长布希耐为公司陷入困境而束手无策。心烦意乱之时，他驾车到郊外散步，看到几个孩子在玩一只肮脏而且异常丑陋的昆虫，简直到了爱不释手的地步。布希耐意识到，某些丑陋的玩物在部分儿童心理上也占有一定位置。于是他机敏的头脑产生一种灵感，促使他部署自己的公司研制一套"丑陋玩具"，迅速推向市场。果然一炮打响，而且引发美国掀起行销“丑陋玩具”的热潮。

从此艾士隆公司开发的此类新品种极尽丑陋之能事，例如“病球”“粗鲁陋夫”、臭得令人作呕的“臭死人”“狗味”“呕吐人”，售价也超过正常玩具的水准。但出乎人们预料的是：这些玩具问世以后一直畅销不衰，其中仅“病球”一种已销售近千万个。

只要我们用心，就能从任何一件事情中找到其中的正面含义和积极因素。关键是头脑中要有这种意识和习惯，只需把视角转换一下。

## 四、逆向思维在企业中的应用领域

优秀的经营者应该具备逆向思维能力和突破传统观念的勇气，这样才能在常人认为不可能的事情中抓住机会，拓展市场，使企业兴旺发达。

**逆向思维是一种创造性的思维方式，它能将不利条件变为有利条件，将缺点变为潜在动力，出其不意地从劣势变为优势。**薄利多销是一般的颇有效的经营之道，可是有时比商品的正常价格高出几十倍乃至几百倍、上千倍的奇特高价却招徕顾客，赢得市场，甚至还会产生轰动效应，使生意空前兴旺起来。在一定环境条件下，厚利多销比薄利多销更具魅力。

经营中的逆向思维就是要克服流向想法，按市场需求的实际，不循常规，反向求异，以异务奇，以奇取胜。

### 1. 经营目标上的逆向思维

经营需要机遇，机遇特征越明显，追逐的人就越多，追逐的方向和目标就越集中，从而形成一股巨大的“目标流”，这就容易产生“一哄而上”的局面。这反而使成功的难度增大。聪明的企业家则可能会根据自己的实力，运用逆向的管理思维，放弃众矢之的的第一目标，捕捉伴随而来的第二目标、第三目标。在美国西部掀起淘金热的大潮中，真正找到金子发财的人并不多，多数人则是空手而归。但在这潮流中，有两个年轻人，一个看到淘金现场水源奇缺而去卖凉水，另一个专卖耐磨的牛仔裤，他们都发了大财。

### 2. 产品开发中的逆向思维

在产品开发中，运用逆向思维可采取如下措施。

①逆时间开发。日本瓜农，开始以大瓜为目标把瓜种到很大才出售，结果滞销，后来一反常规，专卖微型西瓜，获得成功。后来又调整种瓜周期，改在淡季销售，结果在市场上仍很畅销。

②利用消费者回归心理。推出“复古”新产品。在消费市场上，人们往往周期性地产生“怀旧心理”“崇古心理”，如在现代家具充斥的市场上，仿明清家具也很受人青睐，就是这个道理。

③在功能上逆向而行。与追求高质量产品相逆，推出质量标准略低的实用、价廉产品。

### 3. 营销中的逆向管理

逆向思维在营销中的应用往往产生想象不到的效果。请看下面两个例子。

例一：瑞士一家表店曾经门庭冷落，很不景气，后来店主贴出告示说，本店有一批手表，走时不很精确，大约24小时慢24秒钟，望君看准选择，广告贴出不久，积压手表即全部销售出去。这种“家丑外扬”法运用逆向管理在人们心目中树立起“诚实”的企业形象，不可谓不“奇”。

例二：日本有个大的体育用品公司，也曾采取过违反常规的方案。他们独出心裁，起用外行搞新产品设计，原因是外行头脑没有条条框框，反而更可能想出独创性强的新点子。结果是一位足球教练——不折不扣的外行，经过认真的设计和研究，为这个公司推出了一种前所未有的运动鞋——散步鞋。这种鞋一投放市场就大受欢迎，甚至刮起了一股强劲的散步风潮。

可见，利用逆向思维能使企业管理取得成功的。上述两个例子，前一个是将缺点变优点，后一个拿外行当内行。逆向管理思维的好处在于，**不受常识或常规的束缚，见人所不见之处，异想天开，从而产生新的创意，逆向管理的巧妙运作，常会给我们带来意想不到的收获。**

# 第二章

## 应时善变，创新至上

### ——变通与创新体现着逆向管理的精髓

企业的逆向管理，是欧美国家一些有经济头脑的企业家在关键时刻运用的法宝。它能使企业家在不利的市场行情下，坚持逆流而上，是继续企业发展的独特方法。这种经营之道之所以能够成功，就在于决策者根据市场变化趋势，做出“反其道而行之”的选择。企业的逆向管理并非真正是冒天下之大不韪，而是在“逆风”中找“顺风”、觅机遇，在别人意想不到的时候，以别人意想不到的策略，为自己谋取发展的机遇。实践证明，逆向管理的精髓在于变通与创新。

## 一、逆水行舟，反行其道

企业经营环境的变化促使企业管理要不断创新，要以短补长，以低求高，以旧还新，以弃为取。在逆变中创造先机，是企业经营制胜的不二法则。

### 1. 突破传统，引领潮流

任何创新都来自于传统，但又必须突破传统；任何时尚都取材于潮流，但又必须驾驭潮流。在传统的基础上涤旧扬新，在潮流的浪尖上吐故纳新，是时代的要求、管理的要务。

**美国管理学家贝尔纳说：构成我们学习最大障碍的，是已知的东西，而不是未知的东西。**闻名世界的服装大师皮尔·卡丹，事业有成，商机多多，主要的秘诀，就是他勇于突破传统，不断创新。

皮尔·卡丹第一次展出各种成衣时，人们就像在参加一次真正的葬礼，皮尔·卡丹被说是倒行逆施。结果，他被雇主联合会除了名。数年之后，当他重返这个组织时，他的地位提高了。他从大学里直接聘请时装模特，使人们更加了解他的服装，确保了他的成功。

1959 年，他举办了一次借贷展销，这个极其超常的展销会遭到了失败。服装业的保护性组织时装行会对他的展销会万分震惊，再次将他抛弃。可他在痛定思痛后，又东山再起，不到三四年功夫，居然被这个组织请去任主席。

就这样，皮尔·卡丹的帝国规模越来越大，不仅有男装、童装、手套、围巾、挎包、鞋和帽，而且还有手表、眼镜、打火机、化妆品。并且向国外扩张，在欧洲、美洲和日本得到了许可证。

“卡丹帝国”从时装起家，几十年来，他始终是法国时装界的先锋。他在巴黎举行了题为“活的雕塑”的表演，展示了他 30 年设计的妇女时装，虽然岁月流逝，可他设计的这些时装仍然显示着极强的生命力，并不使人有落后的感觉。

回顾皮尔·卡丹的成功之路，不难发现他自从步入法国时装业，就以服装设计敢于突破传统，富于时代感、青春感而著称。虽然曾因创新而不被容于同行，被逐出巴黎服装协会——辛迪加，然而他的服装设计并未因此而窒息，反而加速发展。他用透明面料做有打折的上衣，给新人穿上超短裙，让模特穿上带网花的长筒袜。他还设计出“超短型”大衣、气泡裙，用针织面料为男士做西服。20世纪60年代末，他推出一套女式秋季服装，以式样新、料子柔、做工精而成为时髦女郎和年轻太太的抢手货，一时轰动了巴黎。皮尔·卡丹设计刻意要求标新立异，因此，法国时装界“卡丹革命”的旋风劲吹。

凡是已知的理论、学说、知识、方法和技巧，都具有它的两重性，它既可以使人聪明，又可以使人偏颇；既可以使人开窍，又可以使人保守；既是人们认识客观世界的显微镜和望远镜，又是阻碍人们视野的有色镜。在我国医学史上，从公元前10世纪的《内经》到18世纪中叶，所有的医家、医书都不明白女性下身的解剖学构造，将妇女的肚子看成是装有莫名其妙的东西的大口袋，对妇女病往往无的放矢地乱医一通。直到清代名医王清任才冲破封建传统观念的束缚，解剖了许多尸体，弄清了女性下身的内部构造。他所著的《医林改错》，纠正了前人许多错误的看法。从此，我国医学界对女性下身疾病的治疗才有了突破性的发展。假若王清任也拘泥于前代医学的成就，受缚于前代的观念，他又怎么能大胆解剖妇女下身呢？不大胆解剖，又怎么能研究有一定疗效的方剂呢？行医如此，世间一切行业莫不如此。

企业家在审视市场中，需要突破传统，保持新的思想、新的观念。为此，需要注意以下三点。

①不受过去经验的束缚。打开一切科学大门的钥匙都毫无疑问的是问号：我们大部分的伟大发现都应归功于“如何”，而生活的智慧大概在于逢事都问个“为什么”。**经常问个为什么，冷静地问个为什么，挑剔地问个为什么，大胆地问个为什么，有助于改变盲从和保守的情况。**

②由此及彼的联想。联想一般表现为三种形式：纵向联想，即沿着原有的事物、经验、纵深一步，探究产生这种现象的原因，然后制定出全新的行动方案。逆向联想，即从别人的经验中，立即想到它的对立面、反面，从“对着干”“颠倒过来办”中悟出新路。横向联想，即从别人的成

功与过失中，联想到与之相似、相关的经营方式方法，以便从中得到效益。

③抓住敏捷的思想火花。有时候，一个成功的想法，一个有效的绝招，往往会一闪即逝。对于这一闪而过的新想法，要立即抓住，许多惊人的奇谋奇举，都是一时灵敏所成。

## 2. 不走寻常路的逆反求胜

在市场竞争中，市场的变迁，并非永远顺向延伸，有时会出现逆向反弹，返回到以往的某一点上。也就是说人的消费有个周期，人的意识上有个回归观念。如果认识到这个回归观念，掌握这个“周期”，在他人顺向变的时候，来个逆向反弹变，回到原来的某一点上，“吊”个市场的“空档”。这种不拘泥于常规、常法、常情，反其道而行，逆反求胜，被称之为逆变术。

在商战中，不乏这样的有心人，他们胸怀宏图，伺机而“反”，一鸣惊人。主要思路如下。

### （1）人弃我取

当前产品的发展潮流，趋向于轻、薄、短、小，与此相反的，则视为畏途。韩国一家表厂推出的一种电子表，个头相当于两只男用电子表，液晶显示的数字也大，也博得人们的欢心，特别是患近视眼和老花眼的顾客，更有意购买。取人之弃，独得其利。

### （2）歪打正着

质量，是产品走向国际市场的“通行证”。台湾雨伞的质量很差，竟无“证”闯入美国，占美国进口雨伞总量的60%。原来美国人买伞，用上几次就丢掉，不求耐用，只图好看。这个“好看”，也出乎意料，不要花色，喜爱素色，以衬托自己的衣着。看来台湾商摸准了美国顾客的心理需求，才反传统的质量观而行。类似这样的“歪打正着”，在国际市场上不胜枚举。

### （3）置死求生

日本日立制作所处于劣势时，以“精神刺激疗法”——让部分职工暂时带资离职，制造危机感。松下电气公司处于盛势时，以“今天的强者将成为明天的弱者”自敲警钟，大搞改革。**企业家在商战中如果善于置企业于“死地”，就会像古战场上的项羽“破釜沉舟”那样，激励士气，勇往直前，所向披靡。**

**（4）反打算盘**

琵琶可反弹，算盘也可反打。产品的定价，历来是成本加成法。也就是说，先设计、生产，后定价、销售。现在，邯钢等企业把这个程序倒过来，先对拟搞的产品市场地位和顾客的购买心理进行综合分析，确定最佳的竞销价格，据此进行设计、生产。这种“模拟市场核算，实行成本否决”的“反打算盘”的效果很好。

**（5）揭短易长**

名曰揭短，实显其长，独具一格，不落俗套，很引人注目，效果很好。

**（6）返璞归真**

传统观念认为给产品增添一些附加功能，有助于促销。日本米开罗提公司设计的汽车，则反其道而行，并获得成功。当然，这种“归真”，不等于倒退，而是新的跃进——精神工程学导入设计领域。对此，该公司的董事长作这样的解释：增添过多的附加功能，“使狭窄的空间被各种机器、仪表所充满，不但令人眼花缭乱，在精神上也造成极大的压迫。事实上，对驾驶人来说，其中有许多功能并不需要，因此，汽车的设计应以人为优先，而非以机械为优先。精神工程学就是由这种观点衍生出来的”。

**（7）以“高”求“低”**

许多企业好以“低投入、高产出”的方式，来提高产品的竞争力。日本化妆品公司则正相反，以“高”求“低”。如该公司生产的润肤露，因其原来舍得花大本钱，掺入透明质酸，每公斤成本增加近一倍。这样，虽然成本高了，但产品质量也提高了，销路随之大畅。反过来又促使零售价格下降，并形成了良性循环。

（8）返旧还新

在日本，冷落了六七年的茶饮料，再度风行。在香港，疲弱了多年的灯芯绒市场，又开始复苏。之所以如此，是因为人们对以往喜爱的东西，怀有特殊的情感，并在时间的流逝中逐渐凝练、升温，一触即发。当然，这种“返旧”，已在新的条件下赋予新的内容，堪称“还新”，以灯芯绒为例，如今流行的则是高质量的净色粗条灯芯绒。

### 3. 形象反串：营销中的花样翻新

当常规无法打破僵局时，创新是一种责任。当习惯不能实现目标时，创新便是一种选择。“形象反串”的经营策略就是倒行逆施的特殊创新。

当今商战越演越烈。企业家的新办法、新花样也越来越多。聘请公关老太和礼仪翁就是这万千新花样中涌现出来的新方法，是逆向思维用于营销的体现。

在巴西举行的一次南美化妆品交易会上公关小姐满天飞。然而开幕当天的下午，人流却向着一队慈眉善目、身宽体胖、硬硬朗朗扭动着桑巴舞的老太涌动。老太们披着红绶带、身上贴着厂家广告，人们入神地看着这些不算年轻的女人们在以独特的魅力展示着自己，宣传着自己，不由自主地对她们宣传的产品格外感兴趣起来，纷纷到订货展台订购、现购这种化妆品。原来这些老太太是巴西一家公司聘请的公关老太。

为什么不请公关小姐而请老太？其中还真有点曲折。交易会上，各地厂商各显神通，打起一场促销大战，许多厂商不得不雇用当地的姑娘帮助促销。一时间，公关小姐十分紧俏，身价大增。这家公司的参展人员偏又迟到了，由于没请到公关小姐，第一天上午竟一笔生意也没谈成。到中午，该公司负责人急中生智，忽发奇想：人家都请公关小姐，我何不来个“反其道而行之”，请些公关老太怎么样？于是派人四处去找，在大街小巷足足转了一个多小时，终于选中20多位中老年妇女。想不到竟然创造了奇迹：当天成交额成倍增加，在其后短短几天中，该公司接到2000万美元的订货。

如果说巴西这家公司是抱着试试看的心情去请老太搞公关，有几许无奈的话，那么法国一家酒店的经理请老翁迎客则是胸有成竹的创意策划了。

一家大酒店的酒店经理认为，大酒店门口一般都是礼仪小姐和威风凛凛的门卫，和普通消费者总有一种隔阂感，而招聘礼仪翁可以缩小酒店和顾客之间的距离，既有新鲜感，又能增加顾客的信任感和安全感，让普通百姓进来走一走看一看。因此，在筹备开业之时，酒店在当地报上刊登出了招聘礼仪老翁的广告。短短几天，前去应聘的老者竟达400余人。其中不乏高层次的人才。有的有高级职称，有的有多年从事礼仪工作的经验，有的甚至精通多国语言。这样，酒店不仅可以从外观形象来挑选，还可以从气质、风度来挑选。而此事又被新闻媒体广为报道。于是，该酒店一时在当地家喻户晓，酒店还没开张，名声已经大振。这又远远超过了礼仪老翁在酒店招徕顾客所能起的作用，也大大超出了酒店经理的预期效果。

这个“逆向思维”的点子确实与众不同，有新奇感，出奇才能制胜嘛!

**“出奇制胜”，原是指军事上奇兵、奇计取胜的谋略。“奇”亦是出人意料之举。这种“奇”来自逆向思维，它是反常的、特殊的、罕见的举动。**

大商场、大酒店门口一般都是礼仪小姐招徕顾客，小姐年轻漂亮、引人注目，人们因而青睐其推销的商品。然而，长此以往用同一方法，也会使人习以为常，熟视无睹，商家也就达不到促销的目的。相反，聘用老太老翁则不同一般，是“非同寻常之举”，取得了成功。

### 4. 丑名亮美：“傻瓜”也神奇

市场上从无通天大路直达成功目标。欲成功者总是或开辟新路或寻迹旧道，或反其道而行或逆向而驶。响亮的名号固然招客，贬义的丑名未必不美，也许还能化腐朽为神奇。

古人说得好：“赐子千金，不如教子一艺，教子一艺，不如赐子好名。”一“名”可以定兴衰，因此企业家都热衷于为自己的产品找个好名字。而何谓“好”？流光溢彩，充满美感，固然好。内涵丰富、耐人寻味，也不错。但也有人反其道而行之，将自己商品的名字取得很丑，却同样取得很好的效果。化腐朽为神奇的品牌命名术，不正是这样吗？

文明的国度都在竭力提倡语言美，可是有时却出现了一连串骂人的不文明用语，什么“懒汉”啦、“傻瓜”啦，甚至其他诸如此类的粗话、脏话。这是怎么回事呢？原来这并不是在骂人，它们是某些产品的特有名称。企业家们用这些粗俗的贬义词来显现其产品特有的功能，真有“化废为宝”之功，人们禁不住要赞叹其“化腐朽为神奇”的力量了。

众所周知，“懒汉”本来指懒惰的人，可是懒汉茶炉却不懒，倒是勤快得很呢！“懒汉牌茶炉”是锡山区洛社张镇环保设备厂的产品。这种茶炉设计新颖、工艺先进，能连续工作24小时、充分发挥煤的热能量，热效率高达75.8%，噪音低、污染小，具有高效、节能、节省人力和使用方便等特点。正如该厂的广告所言：“每天加煤（油）一次，全天自动工作，无须值守。”与普通锅炉相比，它可以节约两至三名劳动力，一年能节约40多吨煤，合计12000元。原来懒汉茶炉就是全自动茶炉，“不用值勤”就能烧水，大大节省了人力。大概真正的懒汉使用这种茶炉也能顺当地烧出水来了。正是这种茶炉特有的名称显示了它特有的功能，无怪乎“懒汉牌”茶炉大受人们青睐。问世不久，就在1992年5月的江苏省首届节能新产品、新技术会上荣获金奖；在1993年7月获得中国专利新产品新技术博览会金奖。“懒汉”还以自己全面过硬的质量走红了大上海。

“傻瓜”本来是指“智力低下、不明事理的人”，可是有一类照相机被叫作“傻瓜照相机”。“傻瓜”不傻，“傻瓜相机”具有迅速、简单、省力、轻便等特点。自1963年世界上第一台傻瓜相机问世以来，傻瓜机的性能日见发展。第一，是“EE性能”，即有电眼，会测光测亮度，这是最简单的傻瓜机也具有的；第二，是“AE性能”，会自动曝光；第三，是“AW性能”，会自动卷片；第四，是“AR性能”，会自动倒片；第五，是“AL性能”，会自动上片；第六，是“AF性能”，会自动对焦。另外，更先进的还有变焦功能，那就是名副其实的全自动相机了。原来，“傻瓜相机”就是“智能相机”。那些没有掌握测光、测距技能的人，甚至是真正的傻瓜，也能使用这类相机拍出满意的照片来！正是由于这种特有的使用简便的特点，傻瓜相机已经风靡世界市场。

## 二、因时而变，与时俱进

优势都不可能长久不变，成功后停滞就意味着倒退。在变化的市场中摸底早变，人变我变，及早自变，是不断地发展自己，持久地保持优势的科学管理的规律。

### 1. 顺时而变，与时俱进不恋旧

在市场竞争中，不能恋旧，市场变化了，企业的产品一定要顺势应变，有时要敢于自我否定，忍痛割爱。因为市场是不可能独家垄断的，今天是市场的宠儿，明天就可能成为市场的弃儿。所以，**对自己的产品要不断地揭短扬长，不断地完善自己，保持和发展自己的优势，才能在市场竞争中战胜他人。**

在国际市场竞争中，常常可以看到这样的现象：一些企业经销某种热销货，生意做到八成，就自动割爱，另辟蹊径。一些企业开发某种新品，刚刚获得社会公认，就自行否定——研制、规划该产品的第二代、第三代等。这乍看起来似乎不可思议、细想起来又感到妙不可言。

热门货的生意做到八成之时，已是对手竞相而起、市场临近饱和之刻，若再做下去，后果不言而喻。新产品获得公认之时，正是同行眼红手痒、争着借“梯”登高之刻，若再自以为是，势必后来者居上。这些变化，也可统称为“敌变”，都是由“我变”引发的，而“自动割爱”“自行否定”等“我变”则由“敌变”促成。这些从“我变”推知“敌变”后的“我变”，看似“割爱”，实为自爱——摆脱将陷入的被动局面，看似“否定”，实为肯定——由自己来发展、完善。

这要倒过来说：“自动割爱”“自行否定”式的“我变”，由推知的“敌变”促成；“敌变”又由自己觉察到的“我变”——“八成生意”“获得公认”的“我变”中推知，进而形成“自动割爱”“自行否定”的对策，以新的“我变”制约虽属推知，却是必然的“敌变”。

自变术是一种为求从市场变化的内在规律中去寻求制胜之策的思路。

综观商战，凡自变有术的企业家，都能运筹于帷幄之中，雄踞于市场之上。然而要在群雄并起、变化莫测的市场变动中，应变如流，自变超群，终非易事，尚须悉心探求、把握要领。

## 2. “敌”变我变，以变制变

### （1）判断“敌变”

俗话说：“当局者迷。”在市场竞争中，站在旁观、甚至敌对的立场上，易于看清变者之短，相机制变。欲站在敌对的立场上，挑剔“我变”，形成假想的“敌变”，必须使自己成为“假想敌”。应当看到：国际市场竞争中的敌手，为数众多，且来自各方。但也可以加以归纳，分类应对。若以自己所具有竞争实力为准，按“强于自己”“与己相当”“弱于自己”的界限分类，大体可分为强敌、匹敌、弱敌及难以预料的潜敌。从诸敌的实力出发，结合其所处的市场条件，不难判断其应变之策。以台湾冰淇淋业 1996 年的争斗为例，由于统淇公司以新秀的姿态崛起，诸同行各取对策：实力较强的福乐康公司，出奇制胜，大力促销；实力较差的小美公司，走低价位，固守据点；实力相当的味金公司，引进设备，以待来年。**判断“敌变”，是承上启下的关键环节。**

### （2）评估“我变”

任何一个企业的产品变动，都是市场变动的一个组成部分，并成为同行眼里的“敌变”。美国福特汽车公司在欧洲设 6 个分厂，年销售汽车占欧洲市场的 11.9%。该公司产品稍有变动，就为诸汽车厂商所瞩目，并导致欧洲汽车市场的变动。由此可见，以“我变”为出发点，并非主观臆想，有其相当的客观性。但“我变”毕竟从“我”出发，有一定的主观色彩，尚需把主观意识与客观实际结合起来。为此，要把“我变”置于国际市场化之中，从不同的角度进行评估：此变在本行业的发展中起多大推动作用，在市场竞争中占有多大的份额，给诸多对手以多大刺激等等。**客观评估“我变”，是把握自变的基础。**

### （3）以变制变

一个企业的竞争实力有限，如何对付众多对手？其实，所列诸敌，限于各自的发展战略及所处的条件，未必都把竞争的矛头指向"我变"，且诸敌之间互相争斗，还抵消了部分竞争力。所以，在分类判断"敌变"的基础上，要进行比较研究，分主次，区别对待。除此之外，还要顾及潜在之敌，他们由于种种原因，暂时不动声色，一旦时机成熟，就会搞突然袭击。有鉴于此，拟订制敌对策，既要有当前的，又要有长远的，还要留有余地，供应急之用。不论何种对策，都从企业的竞争实力及所处的市场条件出发，当争则争，当忍则忍，力求使自己处于最佳的竞争状态中克敌制胜。法国汽车厂商趁日元升值之机，掠占日本汽车在科特迪市场上的份额，使自己的份额由27%上升到51%，就是一个很好的范例。

**(4) 循环而变**

把评估"我变"、判断"敌变"、以变制变连接起来，就形成了自变的一个循环。其中的以变制变，既是该循环的终点，又是上个循环的起点。这意味着在以变制变中，不仅要针对"我变"引发的"敌变"，还要考虑到制变后的"敌变"，并尽可能把相应的对策渗透其间。这样，上下两个循环紧密地衔接起来，始终绕着"我"这个中心旋转，构成良性循环。

**自变术要领，可概括为8个字：化"我"为"敌"、化"敌"为"我"**。即把"我变"溶化于"敌变"之中，并成为"敌变"的有机组成部分，则可见"我变"之微而知"敌变"之著，集"敌变"于"我变"之中。"满园深浅色，照在绿波中"，从这两句唐诗中，可更深刻地领略自变术的精髓。

### 3. 在突变中创造出新的商机

商战竞争，总有突如其来的变化，而突变中总有大量的商机涌现。聪明的管理者善于在突变中创造出新的商机，在变化中寻求市场的轨迹。

商战中，突如其来的变化是常有的事，而突变中也有大量的商机。聪明的商家善于在市场的突变中创造出新的商机。美国财经杂志《商业周刊》就曾介绍过创造机遇的五条新思路。

**(1) 顺向延伸**

顺着市场变迁轨迹之藤，可摸到突变之瓜。

日本照相业的发展，顺着本业的发展轨迹延伸，到了一定的程度，就有了美能达公司的全自动对焦35厘米单眼照相机。此相机面世，年销量高达80万台，震撼了世界照相业。突变之瓜，不易摸得，总要历经艰难曲折。其他公司都表示自动对焦简直不可思议，但他们认为，只要能配合精密的电子技术，就可以行得通。但成果并非一夜得来，而是经过四年半的精心研制，才上市销售。

**（2）逆向反弹**

市场的变迁，并非永远顺向延伸，有时还会出现逆向反弹，返回到以往的某一点上。

以国际化妆品市场为例，诸多厂商为了迎合消费者的求新心理和健康意识，或纷纷炮制“功能独特”的产品，或个个标榜产品的原料取之于“大自然”。其结果是：前者，导致消费者眼花缭乱，无所适从；后者，因产品的形象相近，徒失消费者的偏爱。这样，一直看好的国际化妆品市场，发生了戏剧性的变化，开始了“负增长”。

**（3）时代烘托**

市场变迁的轨迹，穿越不同的时代向前延伸，并在时代风云的激荡中，不断变换速率、方向，形成一个个“突变点”。**当代社会生活的一个重要特点是，讲究快速的生活节奏。**

一个“快”字，促进了各行业的突变：在澳门，彩色快速冲印服务的迅速发展，使传统工场冲印每况愈下；在巴黎，“麦克唐纳”“奎克”“弗里泰默”等快餐店的竞相涌现，使法国传统的咖啡店、餐馆面临威胁。

可见，市场变迁轨迹的“突变点”，在时代风云烘托下，显得更为突出。

**（4）双轨交叉**

如今，“隔行如隔山”已成为过去，各行各业的发展轨迹，互为交叉，形成一个个“突变点”。

以日本陶瓷业的发展为例，与造纸业相结合，研制成一种似纸非纸的新型材料——陶纸，具有能剪、能折、能编、轻薄和防燃等特点。这种材料与汽车制造相结合，可制成无冷却系统的陶瓷发动机。这些交叉，既是陶瓷业的突破，又是造纸业、汽车制造业的巨大变革。

(5) **极限突破**

市场变迁轨迹的延伸，虽无穷尽，但延伸到一定长度，因种种限制，会进入极限状态，需寻求新的突破。

集成电路上的硅片，用传统的工艺能达到的集成度每平方毫米十几万到几十万个元件，但难以超过百万件，否则，电路过密，难以散热。如何突破这个极限，使计算机运算速度和能力有新的突破？美国、日本和俄罗斯等国的厂商，在竞相发展人工智能计算的同时，开始研制第六代计算机——生物计算机。

使用突变术，要注意两个方面：一是要突破自己旧的思想框架。观念更新与市场变迁“同步”发展，方能洞察市场变迁轨迹中的“突变点”，反过来又冲击自己的思维框架，迸发成崭新的观念，卓有成效地先导市场。二是要努力把握变迁的发展过程。市场的变化，与所有事物的变化一样，是由量变到质变，是一个不断变化着的发展过程。这个过程可描绘成一条不等速变化，非直线的轨迹，并有许多“突变点”——**每当市场的量变积累到一定的程度，就会发生速率方向的变化，只有抓住变迁中的“突变点”，才能适时顺势地先导市场**。这两个方面，相辅相成，互促共进。

## 4. 一切以机会为转移，随机创新

管理要随机创新，一切以机会为转移。只要有任何可乘之机，都要反应灵敏，决策迅速，指挥应变，抢占时机，占领最有利的市场制高点。

**随机创新要求商家嗅觉灵敏。**

随机创新具有如下特点。

其一，以灵活作为企业的根本行动准则。企业要反应灵敏、决策迅速、指挥灵活、适应性强。

其二，以占领一处小到足以能守得住的细分市场为目标，从小处着眼。

其三，注意培养自己的特点形象。

其四，企业的活动走势以寻找市场边缘地带为主。企业利用自己灵活的特点，通过拾市场之遗补市场之缺，在市场边缘或空隙中寻找发展机会，逐步确立自己的地位。

随机创新需要采取对策。

其一，要善于从现有产品、技术或服务体系中寻找与整体不协调的方面来实施创新。

美国人默根特勒设计和制造自动排字机的成功就是这样的例子。从19世纪中叶开始，西方国家的杂志、报纸、书籍等印刷品随着人们文化水平的普遍提高和交通运输的发展而呈指数增长。印刷业中也已经出现了高速印刷机、高速造纸机，但只有排字却依旧是古老的手工操作方式。这种工作方式需要有受过严格技能训练的工人，工作速度慢，工资开支高。默根特勒发现了这个不协调现象。他并没有发现什么新的原理，而只是把已有的机械学原理用在排字的过程中。尽管他的自动排字机曾受到老排字工人的坚决抵制，但不到5年，整个印刷业就都认可了他的发明。

集装箱在远洋运输业中的应用也是通过分析不协调的环节而创新的例子。多年来，远洋运输业总是使用速度更快、油耗更低、人手更少的轮船。也就是说，考虑的仅仅是船只从一个港口到另一个港口之间的海上经济效益，但随着船只越造越大，远洋运输却面临着危机：码头货物积压，装卸效率低，压货时间长，货物被盗率上升等。这时，有人看到挽救船运的关键已不再是船只航行时的成本，而是船在停泊时的成本，这样，可快速装卸的集装箱运输方式就产生了。

其二，要充分把握意外的成功、失败或意外的外部变化，以发现创新的机会。

瑞士某公司经营家畜药品获得成功是运用别人的意外成功的例子。该公司从未特意开发过家畜药品，只是发现兽医们到生产治疗人的疾病的药品厂家购买抗生素类药品时遭到拒绝，原因是这些企业认为把新的抗生素用于动物治疗是高贵药品的滥用，因而更不愿意为动物使用而改变配方或包装等。这就给想生产家畜用药的企业创造了条件，它只花很少的钱就取得了生产这些药品的许可，而某些人及药品公司还为此感到高兴，因为终于有人替他们承担了兽医纠缠带来的麻烦。

美国布鲁明戴尔百货公司也是通过这种“因势”而取得成功。它原是以销售服装为主的公司，其家电柜台是为专门来买服装的顾客顺便买家电而布置的，但不长时间，公司老板发现家电的销售增长远高于服装，于是该公司把家电作为经营的核心，而把服装卖给那些买家电顺便买服装的顾客。

其三，实施随机型竞争谋略的企业要注意通过发展联盟来壮大自己的竞争实力。

弱小企业在平等互利的基础上，结成较为紧密的联系，互相取长补短，共同开发市场，是赢得竞争的可行办法。北美有 582 家汽车旅店组成的联营集团“质量旅店”，有 195 家豪华旅馆自愿组成的“世界主导旅馆”，它们都达到了预期的目的。

## 三、无中生有，创意生财

现代企业经营，本质上就是创造力的竞赛。企业的经营者如果能够充分发挥主观能动性，把创造力作恰当地运用，就可从“无”中生出“有”来，给企业带来滚滚财源。

### 1. 从玩具中得到启示的创意

1984 年，圣诞节前，尽管美国不少城市萧风刺骨，寒气逼人，但玩具店门前却通宵达旦地排起了长龙。这时，人们心中有一个美好的愿望：领养一个身长 40 多厘米的“椰菜娃娃”。

“领养”娃娃怎么会到玩具店去呢?

原来，“椰菜娃娃”是一种独具风貌、富有魅力的玩具，她是美国奥尔康公司总经理罗拔士创造的。

通过市场调查，罗拔士了解到，欧美玩具市场的需求正由“电子型”

“益智型”转向“温情型”，他当机立断，设计出了别具一格的“椰菜娃娃”玩具。

与以往的洋娃娃不同，以先进电脑技术设计出来的“椰菜娃娃”千人千面，有着不同的发型、发色、容貌，不同的鞋袜、服装、饰物，这就满足了人们对个性化商品的要求。

另外，“椰菜娃娃”的成功，还有其深刻的社会原因。离婚给儿童造成心灵创伤，也使得得不到子女抚养权的一方失去感情的寄托。而椰菜地里的孩子正好填补这个感情空白，这使她不仅受到儿童们的欢迎，而且也在成年妇女中畅销。

罗拔士抓住了人们的心理需要大做文章，他别出心裁地把销售玩具变成了“领养娃娃”，把她变成了人们心目中有生命的婴儿。

奥尔康公司每生产一个娃娃，都要在娃娃身上附有出生证、姓名、手印、脚印，臀部还盖有“接生人员”的印章。顾客领养时，要庄严地签署“领养证”，以确立“养子与养父母”关系。

经过对顾客心理与需求的分析，罗拔士又做出了创造性决定：“配套成龙”——销售与“椰菜娃娃”有关的商品，包括娃娃用的床单、尿布、推车、背包，以至各种玩具。

领养“椰菜娃娃”的顾客既然把她当作真正的婴孩与感情的寄托，当然把购买娃娃用品看成是必不可少的事情。这样，奥尔康公司的销售额大幅度增长。

如今，“椰菜娃娃”的销售地区已扩大到英国、日本等国和中国香港地区。罗拔士正考虑试制不同肤色及特征的“椰菜娃娃”，让她走遍世界各国，保持奥尔康公司在玩具市场上首屈一指的地位。

奥尔康公司靠发挥自己的想象力，虚构了惹人喜爱的“椰菜娃娃”成了摇钱树，它又引发了一系列相关产品的诞生，“无中生有”使得奥尔康公司受益无穷。

### 2. 突出特色，胜在奇思妙想上

惯性思维常让经营管理者陷入重复别人错误的烦恼之中。而创新的反向思维却给企业经营者打开了发展的新思路。特色对于企业很重要，但只有创新的企业才能真正坚持特色，突出特色。

**企业要利用对方惯性思维的弱点，捕捉对方的思想空隙，突破人们思维的常规、常法和常识，来一个反常经营，以求出奇制胜的效果。**在市场上，当某种商品最有利可图的时候，由于竞争规律的作用，大量的投资涌入，人们竞相生产，往往已到了走下坡的临界点。因此善于竞争的企业，不会追求人有我有，去抢风头、赶时髦，而是瞄准市场的潜在需求，在别人没有看到和想到的供给危机和空白区，在对方不在意的投资方向、生产方向、产品价格、销售渠道、推销措施、销售服务等方面搞出自己的经营特色，一鸣惊人，迅速占领市场。

美国波音公司早先发明的737飞机在同麦道公司的DC－P飞机展开激烈的竞争之后，曾在美国好几家航空公司赢得销路。但在之后一度有衰落的趋势，因为比737早3年问世的DC－P在某些地方更为先进。波音公司背水一战，请了精通国际贸易信息并善于在困境中独辟蹊径的工程师包勃·诺顿出山，拯救737飞机。诺顿将视线转向那些不发达的地区，主要是中东、非洲和南美。他说："我们应该到这些地方去做生意，即使不能一下子卖掉大批的飞机，至少也可以打下销售的基础。"

于是波音公司力求使产品适合第三世界航空业的需要。发展中国家机场跑道太短，且路面铺的是沥青而不是混凝土，根本适应不了喷气式飞机的起落。波音公司的工程师们重新设计了机翼，缩短了着落滑行的距离，又增强了发动机的冲力，从而缩短了起跑的距离。诺顿及其同行们到非洲考察时，发现那里的飞机着陆很吃力，刹车容易失灵，这样飞机容易滑出跑道。他们重新设计了刹车装置，并降低了轮胎的空气压力，使飞机一着地就能紧紧地贴在地面上滑行。诺顿的方案被采纳并实施。波音公司向发展中国家每次仅能售出一两架飞机，却逐渐建立起自己的信誉。随着第三世界航空业羽毛的日益丰满，这些国家开始争相购买大型的737飞机，737已成为喷气式客机有史以来销路最广的飞机。

**经商成功的两个基本要素，一个是在时机选择上赶浪头，另一个是在行业选择上爆冷门。**时机选择，以快制胜；行业选择，以奇制胜。想别人没有想过的，干别人没有干过的，往往会收到意想不到的成效。

美国黑人化妆品制造公司，就是靠爆冷门迅速起家的。当时，美国的化妆品已经遍及各大商场，但都是白皮肤或黄皮肤女人的专用品，许多黑人妇女根本没有想到要用化妆品。一个名叫乔治·约翰逊的黑人，发现了这有待开发的潜在市场，于是冒出了一个新点子，办起了黑人化妆品制造公司。经过15年的努力，这个公司由创业时仅有的470美元的资本，发展到3000万美元，成为美国最大的黑人化妆品制造公司。

爆冷门的最大好处就是竞争者少，创业者不必为对付竞争而费神。其次，经营冷门产品，容易引起消费者的注意，对提高势单力薄的小厂的知名度非常有利。此外，由于冷门产品是独家经营，可以制订最有利的销售价格，利润丰厚。

精明人做生意，讲究的是独树一帜，用新的产品，不同于别家的服务，来占领市场吸引顾客。要做到这一点，就必须看准市场行情，开拓热门短线产品。

### 3. “诡诈”经营，示假隐真起死回生

商场如战场，哪里有竞争，哪里就会有对抗，哪里就会有聪明的经营者施展诈术。在经营管理中运用这种逆向思维以诡诈为道而成功的例子屡见不鲜。

美国有一个名叫休斯的人，1904年在美国北达科他州发明了电炉，但直到1908年仍打不开销路，后来他来到芝加哥找饭吃。当时，芝加哥热点公司理查森发明的电熨斗早已成为轰动一时的产品。休斯一贫如洗，自己的产品毫无销路。他看到理查森的熨斗生意兴隆，心出妙计，在报上登了一则极短的广告：“电熨斗能烫平你的衣裳，电炉却能温暖你的心”。这则短巧的广告立即引起意想不到的反应，电炉开始畅销了。不久，休斯也成了百万富翁。

其实，这就是世界上第一个“衬托型广告”。它利用别人产品极高的知名度，将自己的不见经传的产品声誉提高了，这技巧之高令人拍案叫绝。这实属以“诈”促销的典型例子。

在营销中，以质为上，信誉第一的经营作风应是赢得顾客的根本。但

是，**在激烈的竞争市场中，“诡道”作为对抗策略之一，在确保产品质量和企业信誉的前提下，灵活运用也是能达到促销和实现自己的经营意图的。**正如人们知道的，商业谈判前，谈判双方的意图一般是保密的，因为谁掌握了对方的“底牌”，谁就操纵了谈判的主动权。示假隐真，“能而示之不能”“用而示之不用”“近而示之远，远而示之近”。

# 第三章

## 反思逆行，独到经营

### ——反常观、反潮流的经营之道

市场是反复无常的。热门可能变冷，潮流可以改变。其实，经营智慧往往是从反常规、“反潮流”中积累的。

市场是不断演进的，有时事物循着旧轨道运作，有时则朝向新轨道发展，所以，真正有效的灵感，应该是具有分辨市场未来趋势的能力。

逆向管理的策略总是异乎寻常的。如果群起而仿效之，不成其“逆”，那么，它的“奇”也就不存在了。任何创新思维的成功永远只属于那首创的“第一个”。

## 一、善爆冷门，人无我有

市场的冷门，常常是受需求的驱使、从人们习以为常的生活中发现的。飞来的财富，往往是对时机的把握、从人无我有的企业创新中得到的。

### 1. 做市场冷门中的有心人

在现代市场中，人们的各种需求是伴随社会发展而陆续萌生的。因此，社会日新月异，人们的需求也就会不断改变、不断萌生，而这种需求的萌生，正给每一个企业家有了爆冷门的机会，综观世界上那些亿万巨富，不少就是靠爆冷门而起家的。

在日本东京，玩具一直是为小孩生产和准备的，而某儿童玩具厂爆了一个冷门，生产老人玩具。近些年来，由于人们生活水平的提高，东京成了长寿城，男性平均75.16岁，女性是79.74岁，这个数字已是世界上最高平均寿命。东京老人已逾200万，在常住人口中占有相当大的比例，虽然社会一直提倡关爱长者，让他们“老有所为”“老有所学”，但他们其中有不少感到精神生活贫乏，那么能不能根据老年人的特色再增加点“老有所玩”呢？于是，他们大胆设想开发老年玩具产品，老人专用系列产品一投入市场，就受到老人们欢迎，给老年人带来返老还童的乐趣，也给企业带来良好的经济效益。

### 2. 开发新领域，找到市场切入口

小企业在确定经营方向时，可以通过寻觅冷门，找到接近顾客的捷径。需要注意的是，冷门并不具备现成的市场需求，不是应消费者的需要来填补需求空间的，而是以新的供给去吸引顾客，使销路由冷变热。这就要靠企业经营者的远见与胆略，知道什么是潜在市场，这是一种需求还处在朦胧状态的市场，许多人对此视而不见，或未察真谛，唯眼光敏锐过人者，才能洞察发现，**在见人之不见、想人之不想的观察和思维中，找到市场的切入口。**

在中国港台地区的企业家中，有不少就是通过独辟蹊径，一举成功的。

创办于20世纪70年代的中国台湾光男公司的创始人罗光男，看到当时岛内各种有发展前途的行业，不是因自己财力不足无法进入，就是这些事业已有人捷足先登了。自己既无雄厚的资金，也没有创办实业的经验，要创业就必须出奇制胜，寻觅冷门，开发出新的领域。经过市场调查，他觉得人们在物质生活水平得到较大改善之后，必然对精神生活、健康长寿的追求日益加强，与此相关联的体育用品就一定销路不错。因此，他把第一个目标定为生产羽毛球拍。在当时尚属冷门的羽毛球拍，一经上市，引起许多消费者的健身兴趣，一些未曾想到购买羽毛球拍的家庭，也感到这是家庭健身的必备物品，一时间，台湾掀起一股羽毛球热。随后光男公司深入研究了海外体育用品的发展趋势，又推出了被称作“贵族运动”的网球的球拍，再度迎合了人们开展体育活动的需要，年轻人开始以有一支光男牌网球拍为荣耀，这样，光男公司又大爆冷门，掀起了一次新的消费热潮。

这种巨大的消费热情的形成，是由于贴合了人们生活情趣的体育用品的供给。它不像夹缝生存那样，是需求先行，供应趋之，而是靠经营者的预见性和非凡的胆识创造了需求。这种经营策略，是一种“让开大路走两侧”的策略，它避开了许多强大的竞争者，往往能够取得很好的效果。但施行这种经营路线的难度在于它的独创性、预见性和敢于冒风险的勇气和胆识，对经营者的要求是比较高的。

**寻觅冷门，是企业的一种创新行为，**企业经营者要善于开动脑筋，敢于打破传统的消费观念，谁看准了方向，谁把握住了机会，谁就能大显身手，一举成功。在这方面，新企业往往比老企业有一些特有的优势。比如，老企业在创新过程中，会顾忌到新产品可能会使现有设备不再适用，还需要重新招聘人员，包袱较重，不容易下决心，而新企业则没有现成的设备、技术和人员的顾虑，能对眼前的市场情况做出更加灵活自如的选择。所以闯入冷门的企业，往往正是一些新企业、小企业。对于这些企业来说，还有一点是需要注意的，就是量力而行，一开始目标不要定得太高，远不可及，避免产品由冷变热的周期太长，失去克服困难的信心。

中国香港的陈银海，20 世纪 80 年代初在商界大爆“冷门”，被称为“冷门”状元。他是靠生产打花电脑而一举成名的。他当年来港时，仅仅是一名默默无闻的“打花”（即机绣）学徒。后来陈银海自己买织机，做起老板来，可是运气不好，1967 年香港发生大暴动，百业萧条，陈银海只得关门了事。这时的他空有一身“打花”本事，却无用武之地。时来运转，等到了 1978 年，电脑热潮在全世界兴起，而此时的香港“打花”业难请到人，如果陈银海此时受聘到别人的工厂去“打花”，那么也就不会出现一个现在的“冷门”状元陈银海了！他不愧有一双慧眼，觉得此时应该用电脑取代人手，这当然是首开先河之事，还无人问津。因此，他便出资研究打花电脑，过了几年，便研究出了 WDS200 型和 WDS1000 型打花电脑，质量上乘，受到各厂家的垂青，打入了中国大陆和欧美、东南亚多个国家和地区，成为生产电脑打花机的翘楚。他所经营的这个行业是个“冷门”行业，当有人问他竞争者是否可以轻而易举地取代呢？他回答：“那并非易事，因为干这个行业单懂电脑不行，必须对纺织行业十分熟悉，否则难以加入竞争。”看来，陈银海的事业目前可以说是铁打的江山，无人能动。

在一些人心目中，做尿布生意不会有什么利润，更无大的发展前途，然而，日本尼西奇公司在认真调查了旧的尿布的种种弊端和母亲们对尿布的新的要求后，研制成功了一种吸水性好、用完就扔的纸尿布，很受年轻妈妈的欢迎。现在这种尿布不仅畅销日本，而且出口到多个国家和地区。

随着人类社会的不断进步，各种社会需要生生不息。企业要在不起眼的无人问津之处，慧眼识寒微，不仅要有勇气，更要有广博的知识。世界上的冷门很多，它又有大小之别、虚实之分，企业家要善于从中进行有效的甄别，找到值得下功夫开发的新产品。有时一些看似异想天开、稀奇古怪的想法，却是通向高利润的起点，企业要沿着兴旺发达的道路前进，就要树立起求新求异的观念，因为寻觅冷门采取的是变争为让的策略，这种策略让开了趋向饱和、对手云集的现实市场，从零开始，追求潜在市场，一旦成功，暂无劲敌，得利颇丰。

### 3. 人无我有：一招鲜，吃遍天

一个企业，如果有它的独到之处，哪怕是在竞争激烈的行业中，不具备资金和规模优势，也可能雄踞他人之上，具有旺盛的生命力。俗话说：“一招鲜，吃遍天。”讲的就是这个道理。

怎样才算是有自己的独到之处呢？有两种途径可供中小企业选择：一是经营自己的特色产品，这种产品必须是性能独特、品质优良、具有很好的市场前景。二是所选择的经营方向，使企业能够提供特色服务、采取特色的经营方式。即使所从事的这一行既非冷门又非短线，也可凭借特色这一利刃，开拓自己的天地。一个企业只要有了这两条中的一条，就具有了别人取代不了的优势。**以特色产品和特色服务为经营方向的小企业，往往会有一个良好事业的开端。**

诀窍蕴于常识之中。小发明虽然不起眼，一经点破，似乎也没有太多的玄机。正如德国的列瓦尔特所说：“真理往往非常朴素，以致人们不相信它。”但靠它却能大有作为，走与众不同的道路。结合行业特点，以新求利，以奇引人，会给企业带来事半功倍的效果。从小发明、小窍门做起而一举成为大企业的例子早就屡见不鲜了。

由于现代人们的生活水平不断提高，消费者的需求日益纷呈变化。一些企业针对这一情况，在选择经营方向时，从过去对顾客的无差别服务，转变到有差别服务上来。企业一开始运行，便打出了“一招鲜”的新招术，使得顾客不请自来，这就是经营中的“差异挖潜”。时代进步越快，“差异挖潜”的天地也就越宽阔。

在中国香港，生活节奏很快，快餐业林立。有的企业就突破原来经营上的旧框框，在保持原先简单快捷的基础上，进一步考虑到顾客在就餐时对家庭气息的要求，专门为家庭提供便捷的半成品，包括选料、切好、调匀、配料等。顾客预约后，保证按时送到，菜一到即可下锅。而且菜单上的品种，轮流搭配。这种专供在家庭用的特色餐饮，大受消费者欢迎，业务不断扩大，而且企业增加了产品的附加值，利润比其他同行要高不少。

在市场上一位新的竞争者的加入，意味着部分市场份额的易主，并导致整个市场的重新瓜分。于是有一些企业，为了尽快站稳脚跟，以提供

“分外服务”为手段，别具一格地吸引顾客，常常马到成功，对同行产生很大冲击。这种方式出于某种商品市场的兴起，必然导致其他一系列潜在市场出现的“连锁挖潜”市场经营理论，反映了事物发展的一定规律。只要认真思考，悉心揣摩，往往能取得较好的效果。在香港家具市场上，外货较多，竞争激烈。为了吸引顾客，有的家具公司想到，大多数人住房面积不够宽裕，为了在有限的空间得到最大满足，常要求助于室内设计人员。因此，家具公司以此入手，把提供室内设计制作为分内服务，顾客闻讯而来，结果这家公司销售额在同行中遥遥领先。



可见，**市场正是由于各种有特色的产品和服务，才能够吐故纳新，平添异彩，“一招鲜”能为小企业带来稳定、忠实的顾客群**。只要小企业在确定经营方向时，能够考虑到这种效应，就能在同行中占据优越的地位，用并不比别人高明多少的小技术、小诀窍、小发明，开发别人还没有注意到的社会需要，得到意想不到的商业效果。

### 4. 看准市场缺口，拾遗补缺

远古的时候，天塌地陷，大火燃烧不灭，洪水泛滥不止，猛兽凶禽到处噬食百姓。女娲氏炼五色石，修补了苍天，平息一切灾祸，老百姓才得以安生。这是古代的一个寓言故事，人们也无须考证是否真有其事，但女娲氏炼石补天的精神却世代传颂。

**在商品流通的市场，也许正需要女娲氏这种炼石补天的精神**。现代市场高精尖产品争奇斗艳，琳琅满目，但如果仔细调查，也许会发现人们日常必要的小五金、小电器、小百货，常常短缺。这不是社会的某种偶然，而是发展中必然出现的一些现象，因为小商品利薄、费时，生产厂家甚至连销售商店也懒得经营。既然是社会需要，市场又紧缺，这就得有人来充当女娲补天的角色。这一点对小企业尤为适合，因为小企业的资金和规模限制，它不可能进入传统的成熟行业。相比而言，**进入大企业无意的“遗漏”行业，既无激烈竞争，又可发挥自己的优势**。

但是，拾遗补缺也并不容易，一般要做到三点。

一是要看准缺口。在国际竞争中，商品再丰富也会有被人们遗忘之角落。日本市场每年需要大量蔺草席，供需矛盾非常突出，向韩国、中国台湾要货，尚缺750万条。江苏省工艺品进出口公司据此从日本引进蔺草苗，在苏州等地栽培、编制，发展成一种很有前途的出口商品。日本喜欢柔道，要气功垫。浙江一家皮毛生产厂，马上生产狗皮气功垫，投放日本市场，创汇十万多美元。

二要去开发资源。资源并不难寻，但贵在开发。拿上面一个例子来说，初一看江苏原本不出产蔺草，更不生产蔺草席。但仔细分析，江苏有适应蔺草生长的土地，有勤劳智慧的人民。只要引进蔺草苗，就可能发展蔺草席生产。这就是资源开发。

三要炼就“五色石”，要参与市场竞争，就要具有特殊个性和质量上乘的产品。法国一家公司生产的洗澡设备，其中喷嘴多达900多个，洒在身上特别舒适。德国生产的微型助听器仅1.6克。日本制造的一种女表能在紧急情况下对付暴徒。上海出产的温度计，已成为各种精巧的工艺品。天津生产的一种“洁丽”擦鞋器，不仅能柔润皮革，便于携带，而且擦时不污手，很受外商欢迎。如此有个性、高质量的日用小商品得了顾客青睐。

## 二、发现潜求，满足特需

有需求就有市场，企业的任务就是满足市场需求。当企业无法满足特殊的市场需求时，创新便是唯一的出路。从这样一个角度出发思考问题，“黑娃娃”就会和白娃娃同样走俏。

### 1. 从特殊需求中创造特定市场

**企业如果能满足某一部分人的特殊需求，那么就赢得了一片特定的市场**。如果这片市场先前没有被人开发过，那么作为开拓者的企业和商家，就是这一市场的领袖。也许别人看到你的利润丰厚后也会蜂拥而来，但无论如何，他们是追随者，你是领先者。**领先者的地位总是要优越一些**。

在如今美国的洋娃娃市场上，具有典型黑人形象和服饰的洋娃娃的种类和数量，首次超过了传统的黑人洋娃娃——那种好似涂上黑色鞋油的白人洋娃娃。

走进玩具商场，可见货架上具有浓密巧克力色卷发和波浪形头发的黑人洋娃娃同金发碧眼的白人天使洋娃娃并排而置。另外，穿着“沙漠风暴”参战军人军服的黑人士兵也加入了洋娃娃的行列。所有这些黑人洋娃娃都明显带有一种幸福快乐和天真无邪的表情，圆润丰满的黑色和棕色脸蛋儿逗人喜爱。

造成黑人洋娃娃市场供应增加的情况有以下几个因素：首先，黑人和其他少数民族的购买力明显增强。在过去12个月中，曾购买一件玩具的成年男子中有9%是黑人。其次，10岁以下的黑人和拉美人儿童增多。

目前，许多少数民族孩子的父母亲都在呼吁玩具制造商们制造出少数民族的高质量和真实形象的洋娃娃。

一些分析家认为，黑人洋娃娃受到如此重视，反映出黑人对肤色、头发质地、身体外形和面部特征的看法。现在，虽然黑人的经济地位大大提高，但却常常摆脱不了吸毒和暴力的形象，总被困在那种从社会学角度讲难以脱身的矛盾漩涡中，因此黑人希望社会上出现更多表现他们被接受与被承认的姿态。

黑人女玩具商达文波特发明的一种洋娃娃，当按压其肚皮时，能讲出斯瓦希里语、西班牙语和英语。她说：“我们的孩子同样聪明伶俐，富有创造性。他们需要有证明他们力量的正面形象。”

毫无疑问，率先开辟“黑娃娃”市场的玩具厂商，会获得较为丰厚的利润。因为契合黑人的心态，黑人消费者会购买；因为这是在市场上先前从未见过的一种洋娃娃，白人也会有新鲜感，也有可能购买。应当说，**这些玩具厂商的成功原因，不在技术上，也不在具体促销手段上，而在于善于发现人们的潜在需求上**。如今，美国黑人的地位不断提高，那些能满足他们特殊需求（尤其是心理需求）的商品必将受到他们的热烈欢迎。沿着这条思路想下去，我们发现，当代生产厂商生产的商品多为从城市人角度考虑的，农村人口有哪些特殊需要呢？那可是个超大型市场啊！

### 2. 为特定的对象提供特殊的服务

社会的构成是复杂的，消费者也绝不可能是千人一面的，由于心理或生理的不同情形，他们会有不同的消费要求和愿望。做生意时应当予以区别对待，尽量满足某些特定对象的特殊要求。在创造良好社会效益的同时，或许对于提高企业的经济效益也会有所帮助。这是因为目前已经开始出现共同的消费场所过剩，特殊消费的场所不足的局面，**一旦适应了某种特殊消费层次的需求，也就会在商业竞争中站稳脚跟。**

在菲律宾首都马尼拉市的黎刹公园，有一家特殊的“聋哑人餐厅”。从餐厅经理到招待人员，共计100多人，都是聋哑人。在这里，全部服务的交际方式不是一般人使用的会话，而是聋哑人的手语。手势语言的服务，不仅方便了聋哑人的交际，还使一些正常人来到餐厅以感受手势语交际为乐。好奇地来到餐厅的这些正常人如果不懂手势语，就无法用手势语点菜，他们一般都模仿聋哑人点菜的手势，也可以在餐厅特备的菜单表格上画“×”，表示要点那个菜。为此，有些顾客还喜欢用自己临时创造出的手势与侍者交谈，尽管有时使聋哑服务员难以正确领会，然而却使顾客兴致盎然，餐厅生意猛增。

据统计，世界上的左撇子约占人类总数的10%，但是，由于绝大多数人都习惯于使用右手，各类日常用品均是按照使用右手的习惯设计制造的，左撇子在使用这些物品时，不免会碰到一些难题。于是，一些精明的商人便开办了专门销售左撇子使用的各种用品的商店。

在英国伦敦苏和区比克街60号，就有一家店名为“左撇子一应俱全商店”，专门出售左手用的切截器、剪刀、汤匙、削皮器、量尺，还有左手用的高尔夫球杆、左手保龄球选手穿的鞋子等。此外该店还储存了各种各样习惯于用左手干杂活使用的工具，如石匠的泥刀、石器以及长柄大镰刀等。开张头一个月，仅罐头开启刀就售出500多把。

前面所举例子中的经营者们，就因为有了自己特定的消费对象，所以生意兴隆，获得了很好的经济效益。其他企业也可以借鉴其中的一些做法，举一反三，在消费领域中发现商机。

### 3. 嫌富爱贫，避开竞争获利

作为管理艺术，单纯的模仿是媚俗的，完全的抄袭是失败的。失去了创新的管理，便失去了存在的价值。创新管理只有在逆向中才可得到发展，只有在变通中才能赢得未来。

从常识的观点来看，人有钱才买得起东西，因此，厂商们的眼光都盯着“有钱一族”。穷人，当然是社会上消费能力最弱的一群，企业通常不会选择他们作为目标市场的。但这正好是一个遗漏，有人就抓住这个遗漏大做文章，也发了财。

在娱乐界声誉卓著的英商桑恩集团设在美国的一家子公司专门以穷人作为推销对象，通过满足这一批人的特殊需要盈利。这个专找穷人推销的企业究竟是什么行业呢？说穿了也不足为奇：只是一种兼具分期购物性质的租赁业。这个取名为“租物中心”的租赁连锁商，把电器、家具、钻戒和多种其他物品出租给城市和乡间贫民，租赁户每个星期支付租金，通常连续支付78个星期之后，租户就能取得租赁物品的所有权。从形式上看，这一租物中心确能满足穷人这一特定消费群体的特殊需要。但事实上，这绝不是什么慈善事业机构。业者索取的租金相当高昂，以一台零售价只有289.98美元的普通电器为例，中心每周索取的租金竟高达12.77美元，总计78周下来，租户需付出1003.56美元的代价，才能取得该电器的所有权，算起来业主等于索取了相当于该商品实际售价231%的超高利息。这一看上去不起眼的租物中心，一年的营业额竟达7000万美元。

在许多厂商都把目光盯着有钱人的口袋，对穷人不屑一顾，从而形成了一种格局——贫穷者消费群体，成了一个被遗忘的目标市场时，英商桑恩集团发现了这一市场空白点，挖空心思在里面大做文章，结果发了一笔不小的财。这一案例给我们的启示是，**当我们在寻求市场机遇时，视野应该更开阔一些，不一定非得把目光盯在市场热点上，还需把更多的注意力放在市场空白点上**。这样，既可避开竞争，取得丰厚利润，又可进一步扩大自己的市场领域。

## 三、取人之弃，独得其利

竞争，一弃一取，有弃有取。或弃小取大，或弃东取西。弃与取，大有其谋。常常有取人之弃者，而赚意外之财。这种逆向思维的招法，便是打破常规的经营奇策。

## 1. 人弃我取，眼光独到占先机

“人弃我取”原意是指将别人所弃之的东西拿来为我所用。引申出来，就是把别人认为不可能的或通常认为不利的因素灵活机动地反其道而行之，使之转化为对自己有利的因素。这一策略在今天看来似乎有点平常，但细想开来，敢于运用和善于运用仍需具备相当的胆魄。历史和现实的经验告诉我们，**要做到“人弃我取”，最重要的是要有自己的主见，不人云亦云，不随波逐流，不按常规去思考和行动**。有了主见之后，还需要有眼光，善于逆流而上，用逆向思维抓住突破点和契机，在别人意想不到时，为自己赚个盆满钵满。

“人弃我取”之计对现代经营者来说，就要求有独到的经营思想和锐利的超前眼光，这样才能使自己在市场竞争中另辟蹊径，获得更大的胜利。

李金友，祖籍中国福建省，1958 年出生于马来西亚。他父亲年轻时从福建来到马来西亚谋生，还在李金友少年时期，父亲因积劳成疾去世，李金友由大哥抚养长大。他刚中学毕业，大哥又告别人间，他不得不打工谋生，负担起养育亡兄妻儿的责任。

李金友的家原在马来西亚南部柔佛州的株巴辖，他打工则在远离家庭的吉隆坡。他从当出版社的排字校对工开始，逐步成为翻译，后来又当了推销员。对这些工作都能胜任，说明李金友是位有才干的青年，他当时只有十六七岁！李金友勤奋好学，在打工期间，特别是当推销员时，利用晚间空余时间阅读了许多营销学的书籍，对市场经济有了一个深刻的认识，形成了自己创业的决心。

20 世纪 70 年代末期，李金友约 20 岁，他根据自己对市场发展的研究结果，将极有限的积蓄进行小宗产业投资。成功总是酬报那些“未战先算”者的。由于未采取投资行动前已充分谋算过，所以李金友的每笔小宗产业投资都获得了较高的回报率，财富逐步增多。进入 20 世纪 80 年代，李金友将其获得的利润全部投入较大宗的产业投资，甚至靠自己的信誉从银行贷入资本，对一些项目进行重点投资，使他获取了更大的成功。就这样，李金友很快成为马来西亚新一代富豪。据《福布斯》杂志于1994 年公布的资料，李金友当时的财富已超过 2 亿美元了。当然，这数字相比于那些有几十亿资产的富豪，显得小巫见大巫了。但应该看到，李金友还相当年轻，创业时间仅 10 多年，来日方长呢！

李金友的经营成功，妙在他的“人弃我取”的高招上。“人弃我取”策略一般指企业在经营决策中，根据市场信息，选择生产大多数企业放弃生产的如“过时”的、微利的产品的一个经营策略。由于不同的消费者经济收入的不一致，使市场上形成了不同的消费层次：收入高的消费者购买力强，属于高层次的消费者，市场上新颖、高档的商品由他们率先购买。收入低的消费者，其购买力相对要弱些，属于低层次人消费者，他们的购买力决定了他们只能购买低档的传统产品。再者，不同地区、不同民族的文化、风俗和民族习惯的不一样也形成了消费者不同的购买倾向。

李金友根据自己的观察和分析结论，运用“人弃我取”策略的精神，将几年积累的几百万马元，投入离吉隆坡以南 32 公里的加影橡胶园，与地主合作推介“郊区绿野生活”概念。这个橡胶园由于经营了很长时间，土地和胶树都效益不佳，再加上它邻近首都吉隆坡，劳动力成本高，经营者早就寻找转让，却无人问津。李金友慧眼独见，在别人放弃之时，他注资购入，把它改作他用。他的“绿野生活”概念，就是把这片农业地发展成配合自然生态的住宅区。一幢幢设计别致的豪华别墅间疏于园林之间，景色极美，对于生活在喧闹城市的人们具有莫大吸引力。当他的“绿野生活”概念推出后，马来西亚首相马哈蒂尔·莫哈未及一些内阁成员、官员、商贾与一些公司高级行政人员都成为其住户。李金友不但从此项投资获得了巨大盈利，而且博得了首相的赞赏，声名鹊起。

李金友尝到了“绿野生活”山庄的甜头后，马不停蹄地乘胜推进。他窥测着 1985 年至 1986 年马来西亚经济大萧条的时机，将自己资金投入收购廉价的地皮，待经济复苏时开发成工业园。他亦以极为低廉价格购入别人废弃的锡矿湖地 364 公顷，然后开发成为综合休闲场所，迎合了城市居民生活逐步提高的需求，当然也从中获得了巨大的利润。

**“人弃如敝屣，我取如珠玉。”采取“人弃我取”策略不能盲目行事，必须经过周密的市场调查和市场分析、市场预测，否则是会失败的。**

## 2. 在人所弃中独得其利

**经营需要机遇，机遇特征越明显，追逐的人就越多。**对获得机遇效益的期望值就越高，追逐的方向和目标就越集中，从而形成一股巨大的“目标流”，也往往会出现“一哄而上”的局面。这就给企业带来竞争和取得最后成功的难度。中小企业为避开众多强硬对手，往往放弃这众矢之的的第一目标，去捕捉被人们忽略了的、伴随着明显机遇而来的第二目标，以满足市场中的次要需求。它旨在避开第一目标，着力服务于第二目标，取人之弃，独得其利。这种“各打各的”的策略是一种化不利为有利，转劣势为优势的很有效的策略。

在19世纪中叶，美国加州出现一股淘金热，这是一个目标明显的机遇，成为第一目标。17岁的小农夫亚默尔也准备去碰碰运气。他穷得买不起船票，跟着大篷车，风餐露宿奔向加州。亚默尔在加州没有因挖到金子而发财，却以卖凉水赚了钱。原来，矿山里气候干燥，水源奇缺，找金子的人痛苦的是没有水喝。这一需要是伴随着第一目标而出现的。许多人一边寻金矿，一边抱怨：“要是有一壶凉水，宁愿给他一块金币。”“谁要是让我痛饮一顿，我出两块金币也干。”这些找矿人的牢骚给亚默尔一个非常有用的点子。他想，如果卖水给寻金人喝，也许比找金子赚钱更快。于是，他毅然放弃了找金矿这个第一目标，开始挖水渠引水，经过过滤，变成清凉可口的饮用水，把水装进桶里、壶里，卖给找金矿的人们。当时有不少人嘲笑他，说上加州来是为了挖金子，发大财，干这种蝇头小利的生意，何必背井离乡跑到加州。亚默尔不在意，继续卖饮用水。在很短的时间里，赚了6000美元。这在当时是很可观的。许多人因找不到金矿而忍饥挨饿流落他乡，亚默尔却成了一个小小的富有者。

在抓机遇，用机遇中，人们常说“捷足先登”，甚至埋怨别人“抢先一步”抢走了机遇。从上述两则事例中可以看出，并非全然如此，“捷足”固然重要，可以先与机遇碰面，然而关键还在“识货”，正确认识机遇所隐含的价值和作用，立即抓住。否则就会“有眼不识泰山”，送上门来的机遇也会失之交臂，轻易抛弃。这两例都是捷足者弃之不用，终为后到一步者所得。

“人弃我取”的成功者的共同点是有胆有识，慧眼识机遇。从创新思维角度看，胆识来自思维方法从封闭到开放，视野从只看眼前到放眼长远。囿于眼前，固定在一个点上想问题，就只能看到“花 3 万元不划算”“时间太紧难以供货”等消极因素。于是，近在眼前的机遇，也就随障目之“叶”，无声飘失；而开放式思维，就像一把张开的伞，由伞心向四周发散，空间宽广了，时间延伸了，内容扩展了。因此，**面对机遇，要有开放式思考，在广阔的背景下，看到明天的前景和趋势。这就是“人弃我取、后来居上”的奥秘所在。**

### 3. 变废成宝，化腐朽为神奇

随着人类物质文明的发展，在生产和生活中都会大量地产生废物。这些废弃物中，有许多东西只是一时找不到用场，或者说经济上不合算，技术上不可行，只好弃之不用。然而在废弃物中，有不少东西经过我们的创造性劳动是可以再变成新产品的，并能在美化环境和产生经济效益方面有所收获。例如，安徽省巢湖市有个高级工程师，利用粉煤灰生产出高标号水泥，锻造的新工艺获得国家专利，有很大的利用价值。在沈阳肉类联合加工厂，过去猪血、肉渣当作垃圾也没法处理，天一热便引得满街臭气，几位工程师苦心研究了一年，用它生产出了一种可以和一级鱼粉相媲美的高蛋白饲料。废物是一种财富，只是放错了位置而已。仅仅是因为我们延续了一种错误的习惯，废弃物作为资源与财富这个等式被搁置在一边了。

**企业产品开发者应当革新观念，把“放错了位置的财富”重新放回到它应有的位置上去。尤其在工业高度发达的今天，这种思考更有积极的意义。**

立足于观念革新，又依托新的技术，一定会在变废为宝方面想出新的点子，做出新的贡献。试运用“废物出新法”考察一下我们随手扔掉的废纸，然后再运用上述出新法，你可以产生许多创出新品的思路。

举例如下：

①制造再生纸。废纸再生，国外称之为“城市的森林”工业。据了解，利用 1 吨废纸可再生 800 千克新纸，并可节约木材 4 立方米、纯碱 400

千克、电500千瓦时、水470吨，降低生产成本250~300元。

②生产树脂。日本王子造纸公司将废纸溶于苯酚中，用于生产树脂。

③制作家庭用具。新加坡等国利用废旧报纸、书刊卷成细圆条外裹塑胶纸，用于手工编织地毯、坐垫、提包、猫窝及茶几、书桌、床等家庭用品。

④制作人造板。捷克采用5层为纸加工合成树脂，在80℃温度下压制成胶合硬纸板，用于制作各种箱包。

⑤制造建筑材料。印度利用废纸、棉纱头、椰子纤维和沥青模压出隔热性能好、不透水、不易燃、耐腐蚀的沥青瓦楞板新型建筑材料。

⑥生产甲烷。瑞典伦道大学将废纸打成浆，加入厌氧微生物后置于反应炉内，使废纸纤维素、甲醇和碳水化合物转化为甲烷。

⑦改良土壤。美国阿拉马州采用废纸屑与鸡粪混合，用于改良部分农场土壤板结，并取得了理想效果。

⑧培育蘑菇。英国将废纸碎片用水浸泡72小时，除去印染物等杂质，再与切好的马樱丹按1 ： 2的比例混合，在25℃温度的培养室经3~4天发育出菌苗，再将菌苗移至20℃的环境，20天后即可采菇。

⑨加工饲料。英将废纸切碎加入20%的盐酸煮沸2小时，使纤维素发生分解断裂，再加入一定的营养添加剂，按20%~40%的比例混入一般饲料中。用该饲料喂养牛、羊，比普通饲料喂养增重30%。

⑩制造酒精。美国能源部专家利用特制的发酵素用于破坏废纸里的纤维素，再经发酵从而转化为标准酒精。

因此，企业经营者如果能抓住消费点，善于创点，相机而动，可以创造大财富。

### 4. 反用资源，赢得市场青睐

市场是运动的，随时可能有新商机。市场是互动的，经常要更生出资源。对固守传统的人来说市场是吝啬的，狭小的，资源是有限的；而对逆向思维的人而言，市场是公平的，广阔的，遍地是宝。

**市场中的隐性需求多种多样，可以说应有尽有。但对于具体企业而言，商机是主客观相互适应和吻合的产物。**不仅要市场需求提供可能，还要企业能在其中发挥自身的资源能力优势，这样企业才能占据有利地位，隐性机会也才有可能得到发掘。精明的企业家善于在既定的资源条件下找到能利用自身独特长处的领域，释放其潜能，发掘出隐性营销机会。

19 世纪的新英格兰是一个留不住投资者的地方，那里穷山穷水，人烟稀少，有的只是酷寒的天气和铺天盖地的厚厚冰雪，哪个投资者会在这里白白扔钱呢？21 岁的波士顿人弗瑞德里克·图多尔却独具慧眼，看到了遍地冰雪的独特价值。因为，长久以来，食物的储藏一直是个大难题，由于人们未能解决冷藏技术，故新鲜瓜果蔬菜只是产地的时令珍品，牛奶只能炼成黄油和奶酪才存得住，肉则只有靠风干或腌制才能保存，十分麻烦。随着城市的快速增长，越来越多的人远离新鲜牛奶、肉食和瓜果蔬菜的产地，而且阔人们在炎热的夏天还希望用冰块消暑。当然，那时还没有制冰机的出现，故冰的取得十分不易。图多尔大胆设想，为什么不能把新英格兰的冰块运到热带加勒比海的许多港口去卖呢？新英格兰当地似乎毫无价值的、人们熟视无睹的冰雪其实是巨大的宝藏，是取之不尽的免费原材料，因此经营冰块前景十分好。于是他在冰块的切割、运输、保存等方面攻克了一系列技术难关，开展了他的大规模的运冰事业，取得了辉煌的经济效益和社会效益。这一隐性营销机会的发掘，使图多尔成为“世界冰王”。

利用资源优势发掘营销机会要求企业家处处留心，思维灵活，善于发现。因为有的资源优势就可能存在于企业的“劣势”当中，如日常不经意的偶然事件甚至研制的失败，这些意外事故中可能就蕴藏着一种颇有前途的全新产品的诞生。企业若能将错就错，加以利用，就可以反败为胜。

# 第四章
# 以予为取，予人以惠
## ——以舍为得的逆向经营智慧

欲取先予，是一种暂作让步、待机索取的经营策略。这一策略对今日企业有着重要的借鉴意义，实际上也是一种逆向管理。欲取先予法，就是在竞争中，欲占领某一市场，必须先给予一定的投入，花费一定的代价，等待时机，创造条件，最终达到自己的目的。

企业经营不计较眼前的得失而着眼于大目标，吃亏的目的在于占大便宜。经营中的“以赔引赚”之计，也就是欲取先予。

## 一、欲取先予，仁者得利

企业经营以竞争获胜为宗旨，以市场赢利为目的。然而，当今市场竞争，情况极其复杂，制约因素也相当多。单以正面突破往往成效甚微。反其道行之，未取先予，欲擒故纵，常出奇获胜。

欲取先予是一种逆向经营思想，其核心是：**“取”是目的，“予”是手段。“予”，是为“取”服务的。**

### 1. 欲取先予的具体形式

企业经营者在运用欲擒故纵、欲取先予这一逆向谋略时，可以采取以下三种方式。

**（1）少予多取**

少予多取，即少给对方一点利益，以便取得较多的利益。

韩国一家生产电器的工厂，原来定价较高，结果产品打不开销路，生产不能发展。后来，他们将各种扬声器的价格降低了25%。若从单纯降价来看，利润确实减少了，但降价以后，产品销路却打开了，产量与上年同期相比，增长了70%，成本下降了14%，利润总额增长了80%多。这家工厂通过降价，把一部分利润给予了用户，但在其总体上，却取得了更多的利润。

**（2）短予长取**

所谓短予长取，即短期内给予对方一定利益，目的在于取得长期利益。

1974年石油危机发生后，日本的马自达公司首开先例，每推销一辆汽车，就给予中间商500美元的回扣，从而完整地保住了销售渠道，保证了在1976年向市场投放新型节油车时的销售未受影响。这样不仅使马自达公司渡过了难关，而且为大挣其钱创造了有利条件。可见，企业经营者必须有长远的眼光，不能因一时的“扣索”，而误了长远的大计。着眼于未来多“取”的企业家，是不会拒绝短期的少“予”，甚至多“予”的。美国可口可乐公司董事长伍德拉夫在第二次世界大战时，许诺让整个战区的美国士兵都能只花5美分，便可得到一瓶可口可乐，而不考虑最初的销售成本。但这一决定使该公司向全世界发售了50亿瓶可口可乐，长期占有了极大的市场。

### (3) 此予彼取

所谓此予彼取，即在某一方面给对方一定好处，而在其他方面取得更大好处。

20世纪初，一些外国石油公司企图向只点豆油灯和蜡烛的中国推销他们的煤油。他们的商人除大肆宣传煤油灯的好处外，还挨家挨户地向一些中国老百姓赠送带玻璃罩的煤油灯，让他们“试点”。试点的人体会到“洋油”灯的好处，便常去买煤油。如此传开去，煤油终于打进了中国市场。

美国的刀片大王吉利剃刀公司，曾以低价格，甚至是赔钱的价格推销其刀架，目的是为了吸引更多的顾客购买其互补产品——剃须刀片，从大量销售刀片中获得更多的利润。真正驾驭好市场并不容易，需要经营者的仁德灵性，需要企业家的超常谋略。先予后取，才会取之有道，取之不尽。

## 2. 欲取先予的先决条件

欲取先予，当然不是心血来潮，更不是盲目蛮干。欲取先予的成功，是需要先决条件的。

首先，要准确地摸准市场的脉搏，了解市场的信息。十分留心市场的情况，捕捉任何有价值的稍纵即逝的信息。对市场作充分的调查，充分认识到对它的需求，在此基础上，才做出了相应的决策。

其次，要当机立断，抓住机遇。感到这是一次难得的机会，可能稍纵即逝，应该当机立断，充分运用。

最后，对“欲取姑予”的对方，也要有一定的了解。自己的产品要有一定的科学根据，在市场上行销有一定的可信度和美誉度。

就是在上述条件的基础上，“欲取姑予”才能取得成功。

“欲取姑予”的决策，在今天社会主义市场经济条件下，依然有着广阔的用武之地。例如，顾客购物，营业员先给他一个“笑脸相迎”，服务得殷勤周到，“上帝”就不会吝啬钱财；购物的环境高雅整洁，井然有序，“衣食父母”就乐于光顾；货物价廉物美，顾客就会盈门。商人们如果只是贪婪地把眼睛盯住“上帝”的钱包，赤裸裸地想要掏空他的口袋，那必然会适得其反。

### 3. 企业欲取先予的典型案例

“将欲取之，必先予之。”很多富有智慧的企业家运用这一逆向管理策略，获得了经营上的极大成功。

#### （1）爱克发的胜算

20世纪90年代后期，爱克发登陆亚洲以来，在许多国家的专卖店前都有这样的告示：“凡购买爱克发彩色胶卷一卷，可以整卷免费冲扩。”这听上去简直有些像天方夜谭，但确确实实是真的。

爱克发此举是被“逼”出来的。在亚洲早已饱和的彩色胶卷市场上，各厂家为了争夺消费者，商战激烈。柯达胶卷以其鲜艳的色彩和铺天盖地的广告，销量颇高。富士胶卷则凭借符合当地人品味的色彩和稳定的质量居各类胶卷销量之首。花巨资引进国外技术生产的国产胶卷价格便宜。每卷比进口胶卷要便宜4～10元，但是质量不够稳定。在众多胶卷中，爱克发胶卷属于“比上不足，比下有余”，因此，市场开发初期一直打不开销路。为了扩大影响，占领市场，爱克发咬牙出此“壮举”。

许多买了爱克发胶卷后得到免费冲扩的消费者反映：这是第一次用爱克发胶卷，没想到质量挺不错，又有免费冲扩，值得。

在不少胶卷商店中，营业员反映自从爱克发打出免费冲扩的招牌后，销售量直线上升，有的店以前一天只卖出十来卷，如今一天卖出四百多卷。

爱克发胶卷厂商不愿透露实行免费冲扩后究竟是赚了还是亏了，但肯定地提出了三点：一是胶卷价格不会上涨，二是免费冲扩保证质量，三是免费冲扩的优惠不会短期内取消。

### （2）汉斯遗牌招客取予有术

汉斯是一家美国罐头食品公司的经理。1957 年，美国芝加哥市举办了一个全国博览会，为了推销产品，扩大知名度，汉斯也向展厅申请了一个位置。由于参展的大多数商品名气太大，博览会的负责人把汉斯的展品安排在一个展厅中最偏僻的小阁楼里。

博览会开始以后，参观的人络绎不绝。然而，光顾汉斯台前的人却十分少。汉斯为此苦恼了一天，第二天他想出了一个主意。

在博览会开始的第三天，会场的地面上出现了许多小铜牌，小铜牌的背面上刻着一行字：“谁拾到这块小铜牌都可以去展厅的阁楼上汉斯食品公司陈列处换取一件纪念品。”这些小铜牌都是汉斯连夜定做并派人抛下的。不久，本来无人光顾的小阁楼便水泄不通了。市内到处传诵着“汉斯小铜牌”，记者也作了报道。汉斯产品名声大振。到闭幕时，汉斯赚了五十五万美元。

### （3）松下幸之助抛砖以引玉

日本松下电器公司董事长松下幸之助早年曾在大阪电灯公司工作。他对电灯泡着了迷，为了实现其改进电灯灯头的构想，不惜倾资改良，并组成了松下电器公司。不巧公司成立之初，恰遇经济危机，市场疲软，销售困难。怎样才能使公司摆脱困境，转危为安？松下幸之助权衡再三，决定一不做、二不休，拿出一万个电灯泡作为宣传之用，借以打开销路。

灯泡必须备有电源，方能起作用。为此，松下亲自前往拜访冈田干电池公司的董事长，希望双方合作进行产品的宣传，并免费赠送一万个干电池。一向豪迈爽直的冈田听了此言，也不禁大吃一惊，因为这显然是一种很不合常理的冒险。但松下诚挚、果敢的态度实在感人，冈田终于答应了他的请求。

松下公司的电灯泡搭配上冈田公司的干电池，发挥了最佳的宣传效用。很快地，电灯泡的销路直线上升，干电池的订单也雪片般飞来。初创伊始的松下电器公司非但没有倒闭，反而从此声名大噪，业务兴隆。

#### (4) 里力免费送糖销路大畅

口香糖是美国人里力的杰作，它刚问世时运气并不佳，问津者寥寥无几。后来，他在试销中发现，顾客多半是儿童。里力从儿童身上看到了“希望”，他决定以儿童作为推销口香糖的“突破口”！里力按照电话簿上刊载的地址，给每个家庭都免费送上4块口香糖。他一口气送了150万户，共600万块口香糖。几天以后，这一招就奏效了。

孩子们吃完里力赠送的口香糖，都吵着还要吃。家长们当然只得再买。从此，口香糖的销路就打开了。聪明的里力后来又想出了一个新招：回收口香糖纸。顾客送回一定数量的糖纸，便可得到一份口香糖。孩子们为了多得糖纸，就动员大人也嚼口香糖。就这样大人、小孩一起嚼，没用多长时间把口香糖嚼成了畅销世界的热门货。

## 二、善对得与失，有失必有得

像观察世界上任何事物一样，经营与管理活动不能只从一个角度看，而应从多角度尤其是从其“逆向”来看；也不能只在静止中看，而应从变化中看。这样就产生了系统论的另一主题——“得”“失”之间的关系。

### 1. 此失彼得，辩证地看待得与失

“得”与“失”是一对矛盾，就看你如何去看，如何去把握。聪明的人，从来不会在一时一地斤斤计较，而是算大账、算综合账。此处失了，彼处能赚回来，而且赚得更多，这就是“得”。

日本电视机攻占美国市场，最后把美国绝大多数企业逼得要么被其吞并、要么破产，就是算综合账的典型。它充分利用了两种手段，销售与吞并结合，某处吃亏与总体赢利结合。生产电视机，美国原来是“大哥大”，日本只是一个不打眼的后来者。但日本人除了在技术上更新外，最主要的是采取国内市场对国外封闭和国外市场尽力打开的策略。为此，多家主要生产商共同制定了电视机的价格，每台要维持美国电视机两倍的价钱，巨额利润滚滚而来。但是，这些赚取的利润既不进入公司的腰包，也不作为

红利分配给股东，而是用来贴补出口。

在出口上，日本公司是大力实行倾销政策，价格比美国电视机厂生产的同类产品要低得多。为此，还采取了大力贿赂代销商的政策，给予大量回扣，并采取付“市场调查费”的形式，以防美国法律部门的干预。这样，美国的市场终于被其攻下来了——既然日本产品与美国产品质量差不多，而价钱又便宜这么多，为什么还要买美国货呢？

后来，有人对日本打败美国的电视机产业，评述说：“这里包含着日本整整一代人的牺牲。”不错，可是这代价值得。

其实，做大事的人和企业都是算大账的。

如杜邦集团，在第二次世界大战期间，接受美国政府的委托，为陆军部制造原子弹。当时签订的是这样一个合同：杜邦公司负责全部计划所需工程的设计、建造及安全运转。报酬除成本外，再加上适当的利润。杜邦公司将利润定为1美元。在整个计划中，杜邦公司开发出的新技术应一律为陆军部所有。

这是天下头号的亏本生意。不说其投资，光这次绝密活动，就牵涉到杜邦公司全体人员6万多人大搬家，行程达4345公里。这里的费时费力费钱很多。而所有利润才1元钱，并且开发出的技术一点都不归杜邦公司所有。但杜邦公司这样做了，而且做得十分主动。因为他们打的是大算盘：借助这次活动，网罗到大批最出色的科学家，并通过这次开发，密切与政府的关系。战后，这些被别人看不起眼的“财富”给杜邦公司带来了更大的财富。不说别的，杜邦集团的一些人才后来登上了美国政府的权力宝座。查理士·威尔逊是杜邦旗下GM的常务董事，后担任艾森豪威尔总统的国务卿；亚列朗·达列，是杜邦旗下联合水果公司董事长，后担任美国中央情报局局长。至今，杜邦公司还左右着美国的财政界。

## 2. 以“出卖”自己获得发展的代价

**我们处于一个竞争的时代，每一个新产品的推出或每一个新创意的实施，都会很快引来竞争对手，而且竞争对手会越来越多。**所以，假如自己不抓紧，就很可能被人赶上，甚至被别人兼并。

1966年，有一位名叫拉扎勒斯的企业家就明显感受到了这种危机。他早年用自己的2000元存款和2000元银行贷款开起了一家玩具店。他有着一套独特的经营方式，到1958年时已经开了第三家。到1966年，其商店的总销售额已经到了1200万美元，但其扩张的步伐却慢了。要扩张就必须有资金。在这种情况下，他采取了一个出乎寻常的决定：以750万美元的价钱把自己的公司卖给了州际公司。但附加了一个条件，就是他仍然控制玩具的经营。也就是说：他已经将公司的所有权（产权）转让了，但经营权还保留着。他得到了发展的资金。到1974年时，这些玩具商店已经发展到47家商店，年销售额也有1.3亿美元了。生意越来越好，不仅那些玩具生产厂家给予他支持，银行也给他支持。

机会再一次偏向了他。他所控制的玩具公司发展得很快，但其母公司到1974年时却亏损达9200万美元。到1978年时，由于他的玩具公司为州际公司带来了丰厚的利润，他已经把母公司从破产边缘救了回来。他又一次得到了原来出卖的公司，现在还有了一个新名称——“R玩具公司”。而他，成了该公司的董事长。到1992年，该公司已经成为一家拥有61亿美元资产的大型玩具及童装公司。

为了发展的需要采取“出卖”自己的做法，是为了在竞争中不让别人赶上。像拉扎勒斯这种做法是靠开拓能力而重新得到的。而目前世界上由于有了投机购产方式——以筹集比自有资金更多的资金来进行并购的方式，那么这种暂时放弃所有权的做法，便有了更理想的手段。查尔斯·施瓦布公司的董事长施瓦布，有了成立票据贴现服务的创意，并在1975年把它付诸实践，发展很快。但他还感到很不够，因为竞争对手已经在猛追。于是，在1983年，他把自己的这家公司以550万美元卖给美洲银行控股公司。借着美洲银行控股公司的势力，查尔斯·施瓦布公司壮大起来。到了1987年，他感到时机成熟了，便以2.8亿美元的投机购产价格，将公司买回。过不久又玩了极漂亮的一手，将该公司转为公营，即借助于证券市场的力量，筹集资金，同时还掉相当一部分投机购产所欠的债。现在，查尔斯·施瓦布公司已经是美国最大的票据贴现经纪所。

### 3. 留下“卷土重来”的根本

在日本经济发展史上，有一件事很值得一提：三菱集团对日本油船的控制。

在明治维新前后，三菱集团和共同运输公司之间展开了生死搏斗。这两家公司都是从同一时刻、从同样的港口、以同等规模的船舶起航，到达同样的目的地。竞争到最后，竟发展到为了招徕客人上船，不仅可以免费乘坐，还可以得到一份礼品的程度。这样恶劣的竞争，引起了社会有关人士的不安和抗议，最后政府也出面要求两家和解。在“为了日本的航海业的未来，结束这种不必要的竞争”的理由下，两家决定合并。合并后的公司命名为日本邮船公司。新公司股本为1100万日元，三菱出资500万日元，共同运输方面出资600万日元。三菱在合并时表现得最为积极。与海运有关的资产和所属事业，全部转移到新公司。在人才方面，也全部转移。这一来，三菱方面可谓没留下什么人才了。

但是，三菱是“所谋者远”。它不可能是纯粹地为了“日本航海业的未来”，而是想到了总有一天要把它彻底转为自己所有。不说别的，原来共同运输将三菱船舶撞沉，还有三菱的老主人岩崎弥太郎在恶劣竞争中悲愤去世这些事实，就很难让三菱的后代们忘记。所以他们对转让出去的资产，作了较高的评估，且转让出去的汽船，大多是老朽的船舶。虽然在合并时是共同运输得大股，也就是说得到了控制权。但是，共同运输的12万股股权是分散的，三菱方面的10万股股权都集中在岩崎家族。而岩崎家族在母亲美和的教导下始终团结如一。此外，三菱当时把那么多人才放出去，表面看来是让三菱变成了“空壳”，但是实际上是让其逐步掌握权力。果然不出所料，原三菱旗下的高级官员近藤廉手后来就担任了日本邮船的社长。再经过几次董事会、监事会的改选变动，日本邮船彻底成了三菱的旗下企业。

## 三、予人以惠，赢得消费者

这里所说的“人”，是指消费者。企业或商者以消费者为衣食父母，为了长久的争取固定的客户和实现经营的利益，惠人之道不可少。长期施惠于人，则大众对企业或商家的好感会增加。虽有所失，但所得会更大、更长久。

竞争激烈的商海中，企业要树立良好的社会公众形象，就必须“予人以惠”，如此，生产则兴旺，企业才能在惠人中实现自己赚钱的长远目的。

**无论是“予人以惠”还是“以惠养人”，在今天都可以用“顾客至上”“顾客就是上帝”来表述，都可用产业报国、以民族昌盛为己任来解释。**

### 1. 予人以惠让企业进入良性循环

以发战争财起家的杜邦公司，当年臭名昭著，但现在却享誉全球。在同行业中赢得很高的信誉，其成功的原因主要因素固然是产品质量的优良，但不能低估的是，杜邦公司在广泛宣传、为本企业扬名以扩大社会影响方面确有一套独特手法。

杜邦公司几十年来，不懈地兴善事让利于人，在世界各国还主动开办慈善事业，提高了它在贫穷消费者中的声誉。通过广泛的社会活动，吸引了社会各阶层的注意力，从而取得最佳的宣传效果，树立了企业形象，取得了极大成功。

### 2. 让利于顾客赢得青睐

美国人假期旅游的生活习惯非中国人可比，他们驾着车可以到全国任何有公路的地方去游览，沿高速公路到处都有 Motel（汽车旅馆）。各饭店为招徕顾客也是用尽了心机，有这样一则广告：

任何一个家庭，不管它是两个人、三个人还是四个人，他们住一个房间只需付一个人的钱。如果在淡季预订，房价还能从优。

在以下特定的日子里——

6 月 28 日，29 日，30 日

7 月 1 日，5 日，6 日，20 日，21 日，26 日，27 日

——不仅提供优惠价格，而且任何人只要预订上述日期的房间并随身携带本饭店的广告复印件，都能得到以下这张彩票：

大彩票——

可享受两夜三天免费住宿。

所有的费用都已在内（包括两个人用餐、饮料及小费）。

这张彩票在一年中的任何时期都可使用（只要饭店不客满）。

要得到上述优惠，预订每一个房间应付25美元的预订金。

如果说该饭店的总经理“疯”的话，他除了疯狂地转动脑筋之外，比谁都正常、都精明。他所许诺的几个人合住一个房间的优惠条件，只是体现出灵活管理的特点，并不能给多少实惠予顾客。美国人除了一个家庭的成员，同居一室的习惯实在不多见，而夫妇二人带一个或两个子女出外度假则理所当然住在一起。这家饭店所确定的目标市场正是这样的旅游者。它以整包订房的方式推销客房，提供灵活变通的优惠，自然会把大批的核心家庭旅客吸引到店内来。

此外，在饭店所规定的特许获得“大彩票”的日子中，至少人们也得在饭店住三天以上。虽然有7月1日与20日、21日，但是不会有谁当天到而第二天就走的。过了7月1日，顾客眼看5日、6日的优惠价格又不忍放弃便索性住到6日以后再走。这样，人们得到了那张“大彩票”，明年又会花上几天假期待在这家饭店。在他们中间，往往会形成固定的度假习惯，他们会一再地充当该饭店的“回头客”。

那个附加条件“随身携带本饭店的广告复印件”不只是让获得“大彩票”增加了难度，更重要的是让饭店得到了广告到达率的宝贵的信息反馈。

予人以惠，放线长钓这种高明的、已接触到对立面转化的辩证的思想方法，而如现代企业家那样能恰当地用之于企业经济的实际工作中，充分体现了逆向管理的精髓。

### 3. 向消费者提供最佳服务

第二次世界大战以来，全世界市场竞争中颇令人称颂、业绩较为辉煌的企业，当首推美国国际商用机器公司，即IBM。它其实运用了“予人以惠”经营理念的一种变体。它从20世纪50年代的年销售额1亿美元，发展到后来的600亿美元~700亿美元，年利润高达60多亿美元。

IBM的总裁托马斯·沃森在《企业与信念》一书中谈到有助于公司经营成长的理念时，对服务作了如下一番剖析：“随着时间的推移，良好的服务几乎已经成为 IBM 的象征……多年以前，我们登了一则广告，用一目了然的粗笔字体写着：‘IBM 就是最佳服务的象征！’我始终认为这是我们有史以来最佳的广告，因为它们清楚地表达出 IBM 真正的经营理念——我们要提供世界上最好的服务。和 IBM 所签的契约中，不只是机器出租，更包括所有的服务项目。”

IBM 的成功是奠基于三大“基石”：

● 尊重个人。关心组织内每一个人的尊严和权力——不只是方便的时候。

● 服务顾客。给全球任何公司以最佳的服务——不是偶然为之，而是永远这么做。

● 卓越。坚信所有的工作和计划皆必须以卓越的方式执行和完成。

**“IBM 就是服务！”服务是 IBM 成功的三大基石之一，是 IBM 的竞争哲学，也是 IBM 企业文化精髓之所在。**

IBM 公司的服务体现于诚、信、精、礼之中，形成了一整套 IBM 企业文化。它向人们清楚地证明：服务对企业形象的塑造是多么重要。优质服务早已被视为企业最佳管理法的一把利刃，是企业信誉的关键因素及可靠保证。IBM 以高品质的服务精神，充实了自身企业文化的内涵。旗帜鲜明的企业文化，广泛渗透到企业的研究开发、生产制造、市场销售乃至财务会计、员工培训等各个领域之中。

IBM 从顾客或用户的要求出发，在推销产品的同时，帮助用户安装调试，排除故障，定期检修，培养技术人员，及时解答他们提出的各种技术问题，提供产品说明书和维修保养的技术资料，听取使用产品后的评价和意见等。通过多种多样的全面服务，使顾客或用户达到百分之百的满意，从而建立起企业有口皆碑的信誉，营造出独特的 IBM 企业文化。

IBM 为达到服务品质无可挑剔，专门选用表现优异的业务人员担任为期三年的业务主管。在这整整三年中，他们承担的工作只有一项，就是对顾客的抱怨或疑难，务必在 24 小时内予以解决。IBM 的服务品质特别表现在其“集中服务”上。有一次，IBM 的一个客户公司发生问题，他们在事发几小时之内就立即赶到。在请来的 8 位专家中，有 4 位来自欧洲，1 位来自加拿大，还有 1 位则是从拉丁美洲赶来的。

# 第五章

# 推己及人，无为而治

## ——“不作为”的企业经营高招

逆向管理也应师法自然，不去刻意追求，而要无拘无束，保持自然的心境。

“无为而治”是一种逆向的管理方法，也是现代企业组织所追求的管理高境界。无为不是不为，更不是放任不为，乱而不治，而是使整个企业在自然和谐状态下达到自觉的统一、上下的协调、有序的运行。这是一种高超的管理艺术。

## 一、无为而治并非不“为”不“治”

无为是人生观的高境界，也是管理的高层次。师法自然、顺应客观的管理需要一定的条件，需要相应的整体素质。无为而治的实质是大有为而小无为；貌似无为，实则有为；眼下无为，长远有为的一种企业管理与经营的策略。

### 1. 无为而治是一种高超的管理艺术

无为而治运用到管理学中，成为一种融入高超智慧的管理艺术。能在组织中让每个成员感觉不到管理者的存在，但又确确实实地被管理着，这应当是一种超前的管理科学。

**有证据表明，在整个管理过程中，管理者所传递的信息的一致性比言辞更重要。**“无为而治”的管理方式还有助于让员工从理智和情感上都能认同关于企业目的的明确前景。

日本的企业家们更是慧眼识珠，“无为而治”的思想被广泛应用于企业管理中，并被称为弹性软化管理法。在日本的许多大公司、大工厂总经理办公室里，都贴有“无为”“清静”的箴言。

美国有一家贝尔实验室，它的名字在如今世界的每一个角落里都是响当当的。世界的第一台电话机、第一台电传机、第一个通信卫星就诞生在这里，在现代科学的新发明中，它独占了十来个世界第一。该所在多年的世界性竞争中独领风骚，领导了该领域的世界潮流。它靠什么取得举世瞩目的成就呢？所负责人陈煜德博士办公室里挂的一张条幅回答了这个问题：“无为而治。”在中国大思想家老子这条名言下边还加有一条英文注释：“最好的领导人时时不忘帮助下属，但又总不让下属觉得离不开他。”陈博士在谈到他的治所经验时说：**“领导人的责任是做到你在领导，可别人并不认为你在干预他；研究所是在你所设想的方向上迈进，但所里的人又感觉不到你的存在。”**这使人们想起了中国古代思想家老子的又一名言：“悠兮，其贵言，功成事遂，百姓皆谓‘我自然’。”——最好的管理者从来不轻率地发号施令，事情办成功了，百姓们说：“我们本来就是这样的。”

无为管理是对传统管理的反叛，其表现的区别有三点：**第一，管理者应尽量少施行命令或指示。第二，不要实行使下属负担过重的政策。第三，对下属的各种活动尽量避免介入或干涉。**那么，这是不是说管理者对一切都不管而无所事事呢？事实绝非如此。聪明的管理者要随时留心下属的动向。但是若因此而口出怨言或是发牢骚、自叹倒霉，那么这样的管理者并不称职。因为无论工作多么辛苦，都是自己应负的责任，所以表面上不应显出痛苦的样子，而要以悠闲自在的精神状态面对下属。

## 2. 通用电气公司首创“零管理层”

顺应客观，无为而治，并非是让企业听天由命，任人摆布，而是在顺应客观的同时，主动地、策略地、乐观地、自觉地去驾驭企业在现实环境中所遇到的矛盾，并制定合理的方针、策略。

美国通用电气公司（GE）是由爱迪生于1892年创建的，1999年排名全球500家大企业第9位。GE公司航空发动机厂在辛辛那提市的北面，曾有3万名员工，现在就职的只有8000人左右。

走进宽敞干净的厂房，开铲车的司机不穿工作服，连装配线上的装配工人也不穿工作服，他们身着牛仔裤、文化衫，随随便便。这就是建立在“零管理层”上的工作现场氛围。

“零管理层”，这就是指在这所8000人的发动机总装厂里，只有一个厂长和全厂职工两个阶层，没有任何中间管理层。在一般工厂常见的车间、工段、班组、工会、人事、财务、计划、技术、材料、供销等所有部门，这里都没有。在生产过程中所必需的管理职务，如计划员、车间管理者、班组长、财务管理、供销管理等工作，都由工人轮流担任。而一些临时性的工作，如招收新工人，就由各岗位抽调老工人临时组成人事部门，完成之后即解散（团队模式的灵活运用）。这样做至少有两个好处：一是大大精简了工厂的机构，二是使在生产过程中所有职工都是平等的。

“零管理层”是由20世纪80年代进行的“无边界行动”的变革带来的。“无边界行动”是无边界原理的一次实践论证，就是在公司的领导部门内部，打破行业、部门各负其责的工作方式，以事件来贯穿各部门的工作。比如计划部门接到一张订单，那么有关这张订单的所有工作，如接待客户参观、培训，向工厂下产品任务，监督制造，运输、装配、调试、检修，以及后期维护，都由这个部门一竿子插到底。这既减少了部门之间的相互掣肘，也缩减了机构、人员。通用电气总裁杰克·韦尔奇说："一个公司就像一座大楼，它分为若干层，而每一层又隔了很多小房，我们就是要把这些隔层尽量地打掉，让整个房子变成一个整体。"这与打破垂直边界、水平边界的无边界原理不谋而合。

**作为以盈利为目的的企业来说，推行一种新的管理方式是与其效益有关的。**GE 公司原来从董事长到基层的工人，大约有 24～26 个层级，通过"无边界行动"及"零管理层"的推行后，GE 公司的层级减到 5～6 层。经组织结构变革后的 GE 公司，如轻装上阵的战士，一跃成为全美利润率最高的公司。这对一个以工业产品为主导的老企业来说，不啻是一个奇迹。

GE 公司的这场变革从多方面根本地改变了传统的管理观念：反对整齐划一，强调个性，崇尚相对自主。个性的魅力在此凸显：原来的多工位流水线变成了单工位的整体装配，原来每个工位标准化很强的生产方式变成了每个工人极为多变的生产方式，原来枯燥单一的简单化生产变成了复杂、多样、有一定兴趣的生产，原来用加强每一位工人的专业化程度来达到熟练、准确进而保证产品质量的专业化管理体系变成了用每一道工序、每一件产品都打上制造者的姓名这种责任化的体系，来完成对质量的控制。这种强调个性的管理方式，加大了效率度。

其实，杰克·韦尔奇的"零管理层"，就是要求一个工厂，乃至一个公司所有的员工在工作时，都处于一种平面相交的环境中。**所谓平面相交，就是没有层次，没有等级，以工作中的人人平等创造平等、和平、民主的工作氛围。**

### 3. 索尼公司允许职员犯一次错误

"无为而治"的最终目的是得到大治和大发展。"无为"表现的是管理者不必事必躬亲，否则，管理者自身就会陷入细末琐事，而忽略了企业

“大政方针”的筹划和把握，员工的创造性也会极大地受到抑制。因此，“无为而治”的根本内容是管理者与被管理者都能“解放”各自不同的智慧能量。

索尼公司在这方面就堪称一个典范，如对全体职员的献计献策活动实行奖励制度。

现在的索尼公司，平均每个职员一年间提出的改革方案达13件，其中大部分都是使生产操作简单化、使工程信誉高度化、使生产流程效率化方面的内容。

盛田昭夫经常劝告职员，对上司之言千万不可囫囵吞枣：“不要坐等指令，要积极主动地工作。”同时他对企业领导人要求：把发挥下属的能力和独创精神看得高于一切。

盛田昭夫讲了他与一位美国合资公司的美方董事的谈话。那位董事说，他的公司出了一宗事故，但责任者却查不出来。继而他问盛田昭夫，在日本人的企业里，无论如何也无法确定一个肇事者，这究竟是什么道理？

盛田昭夫回答他说，大家对一宗事故都抱有责任感，这对一个企业来说岂不是件好事？反之，就算查清犯错人并处以重罚，除了令全体职工不寒而栗、心灰意冷之外，又能收到什么效果呢？

所以盛田昭夫告诉他的职员：“只要你认为是正确的，就大胆地去干。即使失败，也一定要从中学到一点什么东西，使自己绝不再犯第二次同样的错误！”

俗话说：“此时无声胜有声。”有时候，人在许多场合并不需要太多的言行表现，只要默默无言，就足以使对方慑服了。就像诸葛亮布下空城计，看上去空空荡荡，反而给敌人一种不祥的预感，只得放弃。“欲擒故纵”“大智若愚”“大巧若拙”，遇事不慌，镇定自若，挥洒自如。这是在个人为人处世和企业经营或谈判技巧中都可运用的高招，也是一种人生智慧。

## 二、实现从无为到有为的转化

逆向管理的“无为而治”，无为是手段，是“末”，有为是目的，是“本”。管理一味地放任，不讲原则、制度、纪律，会造成胡为、乱为、无所作为。从放到收，实现无为向有为的转化，才是管理的根本目的。

### 1. 管理者以自己的行为引领员工

**管理者的行为是塑造企业文化的有效方式。**他们的行为表明了什么样的价值观、什么样的行为和态度是恰当的。无论管理者是有意地还是无意地发出信号，他们的行为总受到关注，而且这些行为向别人表明了他们认为什么是有价值的和什么是重要的。为了确保他们的行为不被误解，管理者必须坚持不懈地保持言行如一，以便在整个过程中都能清楚地表明，什么规范是至关重要的。由于日常行为能够表明什么是重要的、什么是不重要的，管理者需要问自己一些问题。例如：

- 我在什么地方花时间了？我的日程表是如何安排的？
- 人们经常问我什么问题？什么问题从来没有被问过？
- 下一步要做什么？我忘了什么事？
- 在公开讲话时应提到哪些问题？演讲的主题是什么？
- 什么问题很重要，要通过会议研究解决？什么问题不必？
- 会议议程应如何安排？什么放在开头？什么放在最后？
- 在会议总结中应重点强调什么？
- 什么事情需要庆祝？用什么样的象征物？用什么样的语言？
- 举办什么社交活动？要邀请谁？在哪儿举办？
- 这种具体安排会传递何种信息？

美国美铝公司的总裁保罗·奥尼尔，从他上任那天起，就立即开始强调质量、成本和安全。但美铝公司员工已经看到过几任总裁上上下下，所以奥尼尔必须向员工们证明他所说的是当真的。他对工资发放计划做了几处修改，使管理人员和工人更为平等，而且冻结了董事们的薪金。除此以外，奥尼尔还放弃了公司提供的轿车和司机，自己驾车上班。他的第一个工作日就约了美铝公司的安全主管查尔斯·德马休（Charles DiMascio）见面并指示说，他想要一个“无工伤车间”。于是，公司创造了全行业最好的安全纪录。

为了强调质量，他命令高级主管们离开他们的办公室，参加为期28天的质量培训，其中包括去访问其他公司。然后，他开始把要求遍告企业的员工。在上任的第一年，他的行程超过了280000公里，有137天不在总部。在访问中，他不断地向经理们发问，如“在24小时之外，你还有能力控制并运用自己所制定的程序吗?”等诸如此类的问题。他还要求经理们确定安全、质量、成本的基准点。为了回应杰克·威尔奇（Jack Welch），奥尼尔谈到了这些活动：“如果你不能使人们相信他们比产品的产量更重要，你就不能得到机会。”奥尼尔总是不懈地使自己的行为同他承诺进行的活动相符，这样，美铝公司的员工无不注意到：他对于公司重建的态度是认真的、始终如一的。

现代企业的管理也适用此理，如果主要管理者事必躬亲，不但会打击下属士气，而且自己也会累得挺不住。身为主要管理者，为员工创造一个舒适的工作环境是他的责任。日常的工作要交给各部门的主管去办。如此一来，自己才会腾出精力构想经营大计。大权独揽，事必躬亲的管理者，其企业绝不会有光明前程。

**现代管理绝不能把死板的制度当作其规范管理，很多情况下这会受到事实的嘲弄。**而如果采取适当宽松的态度，采取无为法则，效果反而会很好。

### 2. 以管理语言和象征性行动传递管理信息

优秀的管理者总是进行象征性的管理，他们运用语言传递象征意义。在玛丽·金公司，从来不提什么销售人员，只提“优秀的咨询人员”。像玛丽·金一样，一些直销组织不使用表明人们地位等级的语言，而用表示亲戚关系的词汇来替代，如“家庭组”“家庭团”“姐妹团”等。甚至在施乐这样的公司，最小的工作单元也被称为“家庭组”。迪士尼有一整套词汇用来描述员工和态度，如“演员”（员工）、“客人”（付钱的顾客）、

“舞台”（演员和客人同在一起的场所）以及“小精灵的粉”（形容热情）等。麦肯锡公司的人员用“工作集体”和“约会”来代替“公司”和“工作”。

单考虑语言本身，使用这些词汇看起来有点可笑或过于细微，但是与公司大量的其他政策和管理行为结合在一起，这些词汇与“员工是重要的”这一信息是一致的。正如《新美国俚语词典》的编辑，罗伯特·查普曼在评论语言时说的：“它（语言）有双重目的，让使用者形成群体并与整个社会分隔开来。”**如果使用得当，语言可以增加归属感和平等感。如果使用不当，它会使团体瓦解并使人与人之间产生微妙的距离。**

美国坦尼斯公司总裁杰里·本菲尔德和员工穿着同样的服装去上班，他在被问及为什么着装同员工们相同时，他说：“如果我身着价值4000美元的服装和领带去工厂，人们就不会自如地同我交谈了。”他意识到了服装象征意义的重要性和它带来的影响。

在这里并不是说从总裁到普通员工的所有人都应该被同等看待，或者说员工不必注意等级差别。当航空业不景气时，联邦快递和美国西南航空公司的领导者史密斯和赫伯特·凯里赫以及他们的高层队伍都自愿减薪。史密斯说：“高层管理者应最先流血。”这个信息表明：当必须勒紧裤腰带时，不仅是工人，每个人都应该有所牺牲，而且高级管理者应该带头这样做。

管理信息的传递有哪些作用和意义呢?

首先，对管理者来说，传递信息的目的是：**通过他或她的可见性行为来表明什么是重要的。**在群体控制所需的规范和价值观已被确定之后，行为就可以传递出一种明确的信息：那些和员工密切相关的人真的重视这些价值观。美国西南航空公司的高级管理层认为，在向顾客提供印象深刻的服务方面，每一个公司成员都是同等重要的。机票预定代理和驾驶员对乘客的旅行一样重要。这一信息通过大量的文件传递下去。但是写出的东西，无论表达得多么清楚明白，人们都容易遗忘。因此，公司的高级管理层一次又一次的用行动来说明它的宗旨。例如，高层管理者在每个季度里都会花上一整天时间在公司的第一线工作。这一行为的象征意义是很明显的。

## 三、无为而“为”，信而不纵善于自控

人有惰性，放纵员工会导致管理失控，这是管理者的严重失职。从逆向管理观念出发，信任而不放纵，依靠而不失控才是无为而治的管理艺术的最佳境界。

一些人因担心授权他人会危及他的职权，事无巨细都要自己揽起来，吃力不讨好，影响工作效率。但也不是说，放权以后就放任不管。聪明的领导者，知道如何授权他人并仍保持控制，信而不纵。

在企业管理过程中既要用人不疑，又要信而不纵，这就需要高超的管理艺术。这样，在管理人的过程中才能激人之志，这对于充分发挥人的潜力，促进事业的发展，都有着极其重要的意义。

### 1. 使人傲不可长，锐意进取

在企业管理中，要培养下属员工的坚强的意志，首先傲不可长。

在人员管理中说，一个人功成名就以后，常因骄傲而自毁，常因居功而遭谤。但是，若能抛弃“功名”包袱，视有若无，并不居功自傲，还和普通人一样，必能孕育更大的成功，亦即“无成贵其有成也”。

**恃才傲物是一个人意志脆弱的表现，是一个人不成熟的标志。**它将摧毁一个人进取的心理基础，涣散艰苦创业的斗志，取消良好的人际关系等外部条件，最终将导致沉沦和失败。著名的寓言故事“乌龟和兔子赛跑”即一例。在社会上，在人生中，也如这种赛跑一样，既是体力之赛、技能之赛，更是意志之赛、毅力之赛、心理素质之赛。要想取得人生之“战”的胜利，单纯依靠健壮的体魄、高超的技能还不行，还必须具备坚强的意志，因为它们都是进取的必要条件。不仅要善于克服艰难困苦，还要善于克服骄傲自满的情绪，因为它们是坚强意志不可分割的两个方面。因此，作为一个管理者，不仅要善于在困苦的时候鼓励部属，尤其重要的是，在取得某一阶段胜利的时候更要教育下属戒骄戒躁，总结不足，以求更大胜利。

## 2. 使人欲不可纵，斗志弥坚

坚强的意志，须经得起物质利益的考验，须勇于克服各种奢望。否则，各种安逸的生活、分外的待遇、廉价的荣誉、营私的特权，都将诱使人们偏离正确的目标，动摇意志。

当然，人有“七情六欲”是正常的，任何人都不会反对和拒绝一切正常的欲望的满足。但是，也正如世间一切事情都不可无限化一样，人的欲望也不可无限化，尤其是不可纵欲丧志。在这里，特别要注意以下几点。

其一，物欲不可纵。物欲在人的欲望中居于第一，因此，它也是纵欲丧志的最大突破口。

其二，色欲不可纵。自古英雄丧于色者不计其数，纵色欲者终究会使事业丧在“美色”之手。

其三，玩乐不可纵。“玩物丧志”，是为古训。玩乐虽为人之常情，但也不可过分，如果不分昼夜，不分忙闲，不分缓急，不分场合，则必然“乐极生悲”。因为，不分昼夜，会耗散精力；不分忙闲，会生懈怠之心；不分缓急，会失成事良机；不分场合，会失严谨作风。

其四，嗜酒不可纵。酒，可以为生活增添乐趣，但也可给工作健康带来危害和灾难。

## 3. 使人志不可满，推陈出新

志不可满，是指小有成功，不可就此满足，而应继续进取。**人的生命有限，而事业无限**。即使在有限的生命中，也应再接再厉，不断奋斗，积小胜为大胜，积小成为大成，才能使志向不断光大，使生命更有意义。而且，即使是在某一项事业的进程中，也必须通过步步努力，节节胜利，才能取得成功。如果仅仅满足于一步之进、一节之胜，则必无大志，更不可能取得最终成功。

管理者培养下属意志有以下三种教育方法。

### (1) 必须教育下属“立志欲坚不欲锐”

即培养不屈不挠的精神和坚韧不拔的意志。任何事业的成功，特别是伟大事业的成功，决非轻而易举。即使在其过程中取得一步之胜，也决不意味着以后的步步之胜，恰恰相反，“入之愈深，其进愈难”，胜利愈是得之不易。所以，无论是胜、是败，都是对人的意志的考验，若是胜而不满，败而不衰，则必能取得最后胜利。在这里最忌锐而不坚，脆而不韧，顺利时，勇如“虎”；困难时，怯如“鼠”，甚至希图不经努力而侥幸取胜，不经奋斗而一步登天。

**（2）必须教育下属慎终如始，坚持如一**

管理者让下属树立一种精神固然重要，但更为难得的是保持这种精神始终如一的坚持下来。往往有些团队初期士气极高，但久而久之又加速衰减之势，“行百里者半九十”，常常会导致功亏一篑，管理者不可不重视。

**（3）必须培养忧患意识**

“一曝十寒”有两种情况，一是面对困难难以坚持，二是小有胜利便志得意满。针对后一种情况，管理者必须注意培养部属的忧患意识，使之始终处于百战不殆的进取状态。

**忧患意识是一种心理素质，其内容是主体经常地从客观环境中体验到危机或挑战的心理习性。**这种意识，能促使主体通过对客观环境中蕴含的危机和挑战因素的清醒认识，从而在心理上经常保持应急状态，激发出迎接挑战的内在动力。忧患意识同悲观主义不同，悲观主义是一种消极的心理状态，是被困难所吓倒，对前途表示怀疑和失去信心的思想和情绪。而忧患意识是建立在对困难和事物科学认识基础上的自信，是一种积极向上的心理素质。培养忧患意识，必须经常地引导部属分析本单位所处形势，分析事业上的困难和可能产生不容乐观的前景，以增强其奋力进取的紧迫感；经常地宣传事业的竞争，实质上是人的能力的竞争。在事业的发展中停顿、满足、懒惰，甚至稍有疏忽都有可能被淘汰，所以应激励下属努力拼搏、艰苦奋斗。

# 第六章
## 以“敌”为师，倡导合作
### ——变竞争对手为合作伙伴

在全球化浪潮的冲击下，不少发展中国家的企业都在努力学习利用西方企业的各种先进技术、管理经验。从生产型走到市场型，以销定产，利用现代营销方式去开拓创造市场。许多企业采用逆向思维的管理和经营方式，打破常规经营理念，取得了很大的成就，并给人以深刻的启迪。

在军事上要想战胜敌人就要学习敌人的长处，经济管理上亦如此，要想战胜竞争对手，就要吸收对手的优点，并前嫌旁置，最终达到合作双赢的效果。为了区别于军事的提法，把经济管理上向对手学习称作“取人之优”。

## 一、师敌之长，取人之优

商战中从无常胜将军。然而，将对方的优势学到手，师“敌”之长的企业就很难被市场竞争所淘汰。因为具备这样意识的领导者必是高瞻远瞩之人，必能择善从优，在市场开发中实现合作双赢。

### 1. 师“敌”之长的三个关键

在逆向管理中做到师“敌”之长需有把握三个关键。

一是全面、充分地认识对手的长处。对方的实力和优势容易被认识，但经营理念与思想、创新思路和技术长处则不容易被认识。因此，需要通过深入透彻的调查真正弄懂，从中发现对方的优胜之处。

二是剖析对方的优胜因素，从中寻找适合于自己方面的东西，找准之后认真研究，并实际地学习和吸收。**当把“敌人”的长处真正学到手之后，“敌人的优势”也就消失了。**

三是在学习敌人长处的基础上，再往前跨出一步，即在掌握了其优秀思想、原则和技能之后，再加入一些新东西，这就获得了超过敌人并战胜敌人的条件。

在市场竞争中，看不到对方之长处的将领，往往妄自尊大、目空一切，这样的人在争夺市场时没有不失败的。

在企业管理活动中，存在着激烈的角逐和竞争。经营伙伴、竞争对手之间，虽然没有血与火的较量，但却有吞并与被吞并、发达与破产的斗争。所以，有人称：“商场如战场，竞争如战争。”足见经济活动中的明争暗斗之激烈。因此，经济活动中的竞争对手实质上也就是经营中的“敌人”。

### 2. 取对手之优才能战胜对手

吸收别人或别国的长处，在学习的基础上，超过对手，并且以此战胜竞争对手，这是日本的企业家们惯用的手法。通过下面的实例可以看到日本人的精明。

在20世纪40年代末，美国利用数控技术加工直升机叶片获得成功，紧接着又于50年代初研制出数控机床。对新技术十分敏感的日本人一见到有关报道就盯上了此项技术。从1952年起，他们千方百计地搜集有关技术情报，他们甚至把美国杂志上刊登的数控机床照片拿来用放大镜放大进行分析，逐步发现并掌握了数控机床的原理。他们又通过留学美国的学生弄到了数控机床的说明书。美国人花了二十多年时间取得的研究成果，日本人仅用几年时间就学到了。日本人并不以此为满足，而是“更上一层楼”，在美国人的基础上进一步研究，生产出了“群控机床”，并且把优于美国的产品打入美国市场。

学习别人的长处，拿出超过对手的产品，进而在竞争中胜对手一筹，日本人深精此道，长期以来，利用各种手段获取别国先进技术，研制出世界一流产品，占据国际市场，使投资研究者劳而无功，使竞争对手甘拜下风，这是日本人在第二次世界大战以来长期坚持的经济策略。在这个问题上，美国人深深了解日本人的厉害。据报道，在20世纪全世界29项重大发明中，美国人占据19项，可是，这些发明所获得的技术成果却大部分在日本生产出来。可见日本人学习之“虚心”和吸收别人长处之精明。美国人不愿意长期当“义务教师”，不愿让日本人如此“学习”，于是，政府决定，限制日本研究人员接近美国尖端科技研究人员，并严禁日本人参加美国的电子计算机、复合材料等高级技术学会的讨论会等。这些限制使日本人更加“虚心”，他们不仅建立起庞大的工业间谍网，而且设有实力雄厚的情报分析机构。他们把成千上万经过严格训练的、具有一门技能的情报人员派往美国及世界各地，“细心”收集最新科学技术等情报，供国内选择、消化并转化为产品，使企业在国际市场的竞争中长期保持强有力的优势。

日本人“取人之优”的韬略可以说超过了其他任何民族，这种精神确实值得我国的企业界学习。“取人之优”“学人之长”，首先，应该消除夜郎自大、故步自封的思想，为了企业的生存和发展，甩掉一切包袱，承认自己的不足，睁大眼睛寻找别人的长处。其次，要有专门人员收集有关信息，竞争对手或国外的同行不会把自己的“绝活”坦坦白白地亮给别人，相反，他们总是把这些有价值的东西掩盖起来。因此，**要想发现别人的长**

**处，学习别人的优点，并不是很容易的事，这需要有专门人员进行收集、分析研究**。再者，在学习别人的同时，应该胜人一筹，这样才可战胜对手。

总之，军事上的师敌之长，在企业管理活动中是适用的。经济领域的经营者，只有学习别人，超过对手，才能战胜对手。

### 3. 前嫌旁置，与对手合作互助

孤胆英雄在现代商战中绝难成为赢家。时代需要协同，竞争依靠合作，商场从没有永远的敌人。从逆向管理出发，与其与对手拼个你死我活，不如前嫌旁置，互助双赢。

在社会的历史发展中，王位的继承往往就是血腥杀戮的代名词。特别在双方“条件”相当时，这种血腥的相互杀戮更为残酷。

但也有一些高明的统治者，在己方势力弱小还不足以与敌方抗衡时，往往捐弃前嫌，主动修好，为今后的强盛赢得了时间和条件。

为了自己的利益，与别人联手，甚至与昔日的敌人联手，以达到自己的目的，这是政治家、军事家常用的手法。**在当今经济领域的竞争越来越激烈的情况下，走“联合”发展之路，已成为取胜的有效手段，甚至是必经之路。**

马克斯－斯宾塞公司是英国最大的销售服装和食品的零售商业公司，它在英国各地开设的商店多达260多家，每周接待顾客1400万人次，年盈利达2.4亿英镑。这家产业的主人，当初正是靠联手创业发迹，最终使该公司成为雄居世界著名工商企业之列的大公司的。

马克斯－斯宾塞公司的英文名字为Marks & Spencer，从名字可以看出，该公司的创始人是两个人，一个叫马克斯，另一个叫斯宾塞。

出生在波兰一个贫苦家庭的马克斯，是犹太人。他的母亲因难产过早地离开了人间，马克斯是由他的姐姐抚养长大的。19岁时，他已成为一名强壮的青年。强烈的责任感使他感到自己不能再依靠家人生活了，于是，1884年，他只身闯入英国碰运气。

当他到英格兰北部里兹市时，已经身无分文，加之语言不通，其艰辛可想而知。但值得庆幸的是，里兹市聚集了很多犹太人，他们很乐意接济马克斯。该市的犹太富商杜赫斯特，专做批发百货的生意，他觉得马克斯为人忠厚，却因不懂英语，很难找到职业，便主动借给他5个英镑，要他做点小买卖维持生活。

要知道，5英镑在当时可不是个小数字。当马克斯得到这笔“巨款”后欣喜若狂，决定用这笔钱大干一番。由于语言不通，马克斯在售货时不便讨价还价，所以，他出售的货物清一色标价1便士，并打出招牌“不要问钱，每件1便士”，以此招揽顾客。果然，很多顾客来光顾这个设在露天的摊位。他的售货原则与别人不同：别人总希望早点把货物卖掉，而他却总是收集各种好货色放在摊位上，尔后用同样的价钱出售，用开架式的陈列方式，让顾客任意挑选。

功夫不负有心人。两年后，马克斯的生意有了一定发展。马克斯没有陶醉，而是立即抓住机会，把“便士市集”开到约克郡和兰开夏，并聘请一批女孩子当售货员，他自己则奔跑于各地。由于业务发展太快，马克斯越来越感到资金与能力均不足以应付目前的形势。

经过冷静思考后，马克斯当机立断，决定要求批发商杜赫斯特与自己合股，以进一步扩大业务。这时，马克斯所欠的5英镑早已还清了，所以对方也就不是债权人了。

但杜赫斯特却无意去做零售商。于是他把自己的理账员斯宾塞介绍给马克斯。斯宾塞投入500英镑，注入“便士市集”，从而成为其合股人。

斯宾塞是土生土长的英国人，有经营头脑。在他的策划下，“便士市集”发展得更快了。到1903年时，“便士市集”已发展到36家，商店打出的“马克斯－斯宾塞”的招牌也已小有名气，并在伦敦开设了一家百货商店。

此后经过一番波折，马克斯的独生儿子西蒙成为“马克斯－斯宾塞”公司的董事局主席。1926年，公司再次面临起步时的难题：当西蒙从美国考察归来后，准备大展宏图，计划通过集资的办法开设新店并扩大伦敦总店的铺面时，其他董事一致表示反对，理由是不宜发展过急。西蒙对此感到孤立无援，一筹莫展。

恰好在这时，西蒙的妹夫伊斯利——已加入董事局任董事，但却一直在协助其父做生意——他非常同情西蒙的处境。为了朋友的利益和家族的利益，表示愿意辞去自己原来的生意工作，到伦敦与西蒙联手发展。

西蒙自然喜出望外，当即决定委任妹夫为董事局副主席兼总经理。两人同在一间办公室里办公。

两人合作后，伊斯利大力支持西蒙的扩张计划，一口气增设了苏蒙、黑池、连卖顿三家分店。此后，“马克斯－斯宾塞”公司更是一发不可收。特别是在1956年至1966年10年间，公司的年销售额从1956年的1.19亿英镑增长到1966年的2.38亿英镑。21世纪，该公司已成为全球卓有影响和成就的跨国集团。

可以看出，“马克斯－斯宾塞”公司的两次飞跃，均得益于及时与别人“联手”，通过与别人联手，使公司的力量不断壮大，并得以飞快发展。

如果说“马克斯－斯宾塞”公司在发展过程中，其“联手”对象还相对比较单一的话，那么在今天，**走联合发展之路，通过成立诸如企业集团之类的大型经济实体，以便在激烈的商业竞争中求生存、求发展，更已成为企业发展的必经之路。**

## 二、建立战略联盟，在合作中谋求双赢

联盟是当今企业经营发展的趋势，也是企业经营战略的选择。战略联盟是合作的高级形式，也是竞争发展的客观要求。现代企业管理，无不把战略联盟、合作双赢、发展核心竞争作为首选。

### 1. 战略联盟是企业经营的必然选择

打开任何一本MBA书，几乎都开宗明义地告诉你，有一场变革正在酝酿进行。不论书中谈的是行销、制造，还是竞争，所要传达的中心讯息都是：旧的准则不再奏效，史无前例的巨大变革正在进行。未来是属于少数优势者的，而那些尚未准备充分的企业将被无情淘汰。**真正的企业变革，便需要一种新的思维和管理模式——逆向管理，**即将传统的你死我活、势不两立变为一种伙伴关系。伙伴关系指的是组织之间改为团结合作，合力创造价值的方法产生变化；公司开发出新的合作经营方法，协助企业取得前所未有的获利与竞争力。即使还在建立关系的初期阶段，许多

公司以这种新关系就获得高成效，已远超过该组织缩编或组织重建新获得的成本消减效益。这种新的关系就被称为“伙伴关系”，事实证明，向对手学习，建立伙伴关系已为企业带来巨大的价值利益。

战略联盟，是虚拟经营的重要形式之一。它是指几家公司拥有不同的关键资源，为了彼此的利益，进行策略联盟，交换彼此的资源，以创造竞争优势。目前，这种虚拟经营形式正在世界范围内成为企业管理的潮流。例如，世界知名的MCI，一家长途电话公司，曾与一系列合伙者进行战略联盟，将自己在整个网络和常年开发方面的核心能力与其他制造电信设备的核心力量结合起来，为顾客提供一种“在一家公司购买”的服务，包括为顾客购买设备提供资金等。MIC总经理尼尔卞·阿克林说：“我们的合作伙伴使我们能提供更佳的一级产品，并在使我们成为更有效率的竞争者。”不仅大企业，就连中小企业也纷纷挤入联盟之列。为什么企业对于联盟、合作有如此浓厚的兴趣？因为，**当今企业战略就是适应环境为目的的企业对策方案，合作是适应国际竞争环境变化所采取的手段。**

### 2. 联盟合作具有明显的优势

企业通过联盟建立伙伴关系可以带来如下好处。

#### （1）降低经营成本

企业可以利用伙伴所拥有的技术或资产或其他优势资源为客户创造高附加价值，可通过伙伴这个桥梁或纽带来接近新客户、开辟新市场，可以与伙伴共同开发和推出新产品、引进新技术。瑞典的阿斯特拉公司在利用伙伴关系打入新市场方面是一个成功的典范。

阿斯特拉公司本是一家较小的制药公司（但具备较强的研究开发能力），多年来未能成功地使其产品在美国市场上站稳脚跟。后来，它充分利用自己的研究开发能力，把它作为核心竞争资源，通过与美国最大的制药公司——莫克公司结为伙伴关系，成功地打入了美国市场，并占据了很大份额。由于阿斯特拉公司的产品颇具吸引力，于是莫克公司负责临床试验、注册登记和在美国市场上销售阿斯特拉公司的12项新开发药品。1989年，双方推出一种新药，到1994年该药在美国的销售额达到8.5亿美元。同年，阿斯特拉公司向莫克公司支付8.2亿美元，双方建立了一家合资企业。

除了阿斯特拉公司，在降低费用和成本方面，被公认为建立伙伴关系先驱的波士公司也具有成功经历。在对公司经营范畴彻底思考之后，波士公司选择了一些主要供应商，分别赋予他们销售代表、采购代表与生产规划者的角色。这样，波士公司采购费用大大降低，原料的购买流程更趋合理化，而公司也可以主导这些主要供应商的产品设计方向。这层伙伴关系的建立，不仅为波士公司节省了数万美元的费用，也为这些主要供应商带来加倍的利益。

**（2）减少经营风险**

在这方面最成功的典范，莫过于飞机制造、航空等行业了。

20世纪70年代，西欧为了与美国飞机公司抗衡，由法国、德国、英国和西班牙四国联盟成立了“空中客车”股份公司（法国占37.9%的股份，德国占37.9%，英国占20%，西班牙占4.2%）。他们基于联合经营的优势，使公司的客机很快就取得了世界30%的市场占有率。正如该公司董事长所说：联合经营是全球策略发展最迅速而成本最低的一种方式。作为全球最大的客机生产厂家的波音公司面对“空中客车”的挑战，决定开发先进的777型喷气客机。这投资需40亿美元，风险巨大。为了分散风险，波音公司与联合航空公司结为伙伴关系，后者承担作为“接受首批产品的客户”。这样，波音公司选择一家大航空公司作为合作伙伴就减少了产品无人订购的风险。同时，其他航空公司也不希望联合航空公司享有明显的装备优势，因而有更多的航空公司购买波音777飞机。除了这类纵向联合外，波音公司为了减少投资风险，还与日本富士、三菱和川崎唐工建立联盟共同投资开发，并于1995年8月推出了波音777型客机，达到了预期目的。美国麦克唐纳——道格拉斯公司也采取这种做法，与韩国等公司合作共同研制新飞机的机翼和发动机，节省了大笔研制费用。

**（3）扩大利益之饼**

伙伴关系建立之后，不但总生产力提高了，而且得利的部分也可以以各种方式均分到伙伴们手中。总而言之，这饼更大了。伙伴们在同一块饼上为了吐出谁的部分而争议不休。

微立塔科技总裁盖森解释道：“销售通常是一场零的游戏；但是在伙伴关系中，如果执行得当，两者之间的对抗性就可以减少，而成为一种共享的双赢局面。”齐马克公司总裁也说过：“如果说要谈伙伴关系的真正报酬的话，我们可以举出许多让我们工作更具效率的例子。同样地，伙伴关系也让我们客户的效率大为提高，因为他们不再需要花费大量的时间来评估可能与谁共事。从时间或金钱的角度来看，这整个评估过程都是个耗时耗工的差事，并且也容易产生不少紧张对立、政治意味浓厚的争辩。最好能够及早将客户带进来，成为真正值得信赖的伙伴，共享基本的需求，而不是让他们在一堆规格标准中无目标地摸索。值得信赖的供应商了解我们的需求后，在问题方案的发展过程中，往往可以加入他们独具创意的意见。”

从这些精辟的论述中，通过分析不难发现，**建立伙伴关系，能够使双方更公平地享有所增加的总和利润，能够吃到更大的饼。**

### 3. 与劲敌结盟，走强强联合之路

商业竞争是无法回避的事实。但世界经济发展的另一个走向便是在竞争中合作。争抢舟莫若协办划船，双方合作，在合作中双赢。**以力对抗不如以智同行，在合作寻找中契机，抓住机会，获得先机。**

在21世纪的商战中，一场全球范围内的重量级角逐正在拉开帷幕，多少劲敌握手言和，多少朋友反目为仇。一时间，强强联合成为各商家趋之若鹜的焦点，战略联盟成为人们津津乐道的热点。

在这个分久必合的大时代，身为大企业，谁不希冀独树一帜，唯吾独尊，傲然屹立？身为中小企业，谁会愿意孤军奋战，以寄人篱下为胜，而甘心扮演散兵游勇的角色？

日本最老、位居全国电子业第三的东芝公司，多年来已把战略同盟作为它的公司战略的一块奠基石。从20世纪开始，当它与通用电气公司订立合同，制造电灯泡灯丝时，东芝公司已在创造伙伴关系，利用技术专利协议和雄心勃勃的合营企业来补充自己的创新技能和制造勇气。该秘方使它

成为世界上制造各种电气产品的制造商之一，从巨型发电厂设备到电冰箱，到世界最复杂的记忆芯片，无不涉及。

东芝公司的战略联盟伙伴，包括许多最有名的公司，如苹果电脑、旭日化学工业、埃克森、通用电气、GEC 阿尔斯索饱、加拿大 LSI 洛专克、摩托罗拉、国民半导体、三星、西门子、汤姆林、汤姆森消费用电子等等。

这些合作企业也不单是小额转售或专利协议，有些公司卷入数十亿美元，双方在研究与开发，以及在厂房设备上进行投资。他们还生产能竞争的技术和产品。曾有一段时期，东芝对它依赖其他公司而有些惴惴不安，到其联盟成功成了别的日本公司所羡慕的对象。东芝半导体公司与摩托罗拉公司的合营企业帮助东芝成为居世界第一位的大含量记忆芯片制造商；借助于 IBM 的帮助，东芝只在 3 年内就成为世界第二大手提式电子计算机的彩色平面显像管线生产商。东芝公司董事长兼总裁作藤文雄坦率地承认，合作具有全球雄心的任何高技术公司，除联盟以外别无选择。他说："现在已不再有单独一家公司能靠自己支配任何技术业务的时代。技术变得如此先进，市场如此复杂，使你简直无法预计可成为整个过程中最成功的公司。"

即使没有它的合作伙伴，东芝公司也会是个受尊敬的竞争者和创造者。它在 1925 年发明了不刺眼的白炽灯泡。东芝工程师们虽然没发明彩电，他们却在世界上首先解决如何大量造出彩显像管的问题；后来，东芝成为世界上最大的彩色显像管生产者，供应给夏普、松下和齐尼思公司这样的竞争对手。东芝的冰箱压缩器是技术的标准，它的手提式个人计算机是美国和欧洲最大的畅销货。

每年，东芝公司向美国专利局送去大量申请，分管研究与开发的高级副总经理高柳清一说："创新的关键是在实验室获得研究成果，并把它变成产品集团。为了达到这点，我们不只进行研究，还调配了研究人员。用这种方式，科学家和工程师们就能得到更好的市场意识，各厂都能在其队伍中拥有技术的新前辈。"

尽管东芝有自己的技术和制造本领（这是其合作竞争优势），东芝仍然知道数控电子的世界中不能单靠自己。电子计算机、电讯和消费用电子行业，是围绕在少数关键技术和部件周围产生的。但是，这些高技术建筑基石——高速微机处理、大容量记忆芯片和数据贮存装置和软件则使它们一起运行——要独力开发太昂贵了。

东芝公司怎样把如此众多的世界级公司聚在一起呢？该公司早期的创造者，是原因的一部分。经过多年的联盟，东芝从通用电气公司学到如何制造闪光灯泡、家用电器、真空管、电信装置和发电设备。因此，通用电气公司成了东芝的部分所有者。在第二次世界大战期间，通用电气公司被迫抛弃它所持有的东芝股权，但是，随着它卷进通用电气公司避开的一种行业——微电子，这种联盟关系已经变得不那么重要了。即便如此，与通用电气的这种联盟伙伴关系仍被视为东芝与其他企业合作的重要模式。

东芝也对伙伴们提供大量服务作为回报。和基本技术一样，东芝的制造技能也许是它最吸引人的资产。不只是低成本生产者，许多前景宽阔的工厂以其自身力量发展实验室，生产线工人和工程师们一起参与产品和设计的改进。如果一位具有良好的产品观念的合作者被制造问题所困惑，东芝也许能马上解决。

这样，东芝公司在构建联盟时，从一开始就明显地确定每家公司的作用和权利。每一项合同中都包含一项“婚前协议”，使得双方都了解，如果没有结为伙伴关系，各自能得到什么。东芝的董事、负责伙伴关系和联盟的高级副总裁澡西津吉说：“在蜜月期间，一切事物都是很好的。但如你知道离婚总是有可能的，那就是事情会有令人心酸的时候。”

和所有这些联盟伙伴一起，有人也许会想东芝对平衡它与伙伴们竞争利益上可能有困难，但佐藤坚持认为：由于几乎公开了东芝所有的各种关系，这样就能预防大多数问题的发生。他说：“我们的关系与联姻相比，更像良好的友谊，假如你有别的好朋友，好朋友是不会有意见的。”

东芝公司愿意和如此之多的其他公司一起干还有别的重要原因，简而言之，即速度。佐藤的经验是制造管理，他受到过东芝业务从产品设计到制造，到销售的流线式加速的困扰。他说：**“我对大企业病的定义很简单，那就是组织太臃肿。而且这会对一个或一家公司速度形成阻碍。疗法是简易的，那就是迅速地运动，因为速度使之较难以造成组织臃肿。”**

# 第七章

# 以小博大，小蛇吞大象

## ——逆实力而动以弱胜强

在企业经营管理中，以小博大是一种超凡的管理能力和经营技巧。纵观商战风云，强胜弱、大吃小，比比皆是。然而，优胜劣汰，并不等于大胜小汰、强旺弱谢。再观商战风云，小吃大、弱胜强者，也举不胜举。“以小博大，小蛇吞大象”是企业逆向管理的又一大方式。按常规，企业只有一定的规模，才被认为具有竞争力。这种观点正是平常的思维所产生的。它以“稳步经营”为第一。但就从市场趋势和变化而言，“稳步经营”往往是极易丧失时机的惰性思维的结果。同样，它也会给企业的经营造成被动。因此，一个企业不要因“小”而放弃竞争和取利的机会。

## 一、竞争中敢于以小博大

按规律办事虽是管理的首要法则，但现代管理常从逆向出发思考问题，在打破常规中寻找胜机。以小博大是一种高超的逆向管理艺术。

### 1. 遵循以小博大的竞争原则

运用以小博大竞争策略，必须遵循以下原则。

**（1）瞄准原则**

运用以小博大的竞争，就要坚持瞄准原则。**所谓瞄准原则，就是以小博大的方案必须瞄准决策目标，针对决策目标所规定的明确要求。**瞄不准目标的方案是没有用处的。

**（2）力及原则**

力及原则就是指在以小博大艺术的运作过程中，必须具备一定的胜大的主客观条件，即是要力所能及。以小博大，并非指一切“小”者都可以胜“大”。所谓“人有多大胆，地有多高产”或像吹“糖人”似的“心想事成”都是违背事物的发展规律的，是主观唯心主义的反映。以小博大艺术，是对这种主观唯心主义的否定，它是建筑在一定的主客观基础之上，进而以小博大、以弱制强的艺术，而并非随心所欲，不顾主客观情况的“魔术”。

**（3）积优原则**

积优原则是“以小博大”艺术中的一个重要原则。它是说，以小博大必须经历一次由量变到质变、由小胜到大胜的积优过程，在这个积优过程中，可以充分体现出竞争者的“以小博大”艺术的水平。市场竞争各方都处于一个发展变化的动态之中。小有小的“招数”，大有大的“板眼”，大者决不会瞪眼让“小”去吃掉，除非大者属于昏庸无能之辈。因此，**作为小者应坚持由小胜积大胜的积优原则，不断“招兵买马”，扩充实力，积聚胜术，步步为营，稳扎稳打。**打一枪胜一枪，胜一枪，总结一枪；总结一枪，积优一枪。这样聚沙成塔，集腋成裘，积以时日，“老鼠”就可以打败“大象”。

**（4）时机原则**

时机原则是指以小博大艺术在时机条件上的把握。以小博大艺术有较强的选择性，不能脱离开时空环境去胜其大。恰恰相反，以小博大艺术只有善于钻各种时机的空子或者说善于钻大者的时机上的“空档”，乘其不备，才能制而胜之。这种时机，既包括“大者”尚未引起关注的时机，又包括已知“大者”不以为然的时机。竞争者在使用以小博大艺术时，只要坚持这种时机原则，一般而言，就可能实现自己所要达到的胜大目标，从“虎口”里夺食。

## 2. 以小博大竞争策略的运作方法

博大竞争策略可以采用如下方法。

**（1）鸟式法**

鸟式法是把自然界鸟的特性，引申到以小博大的艺术中来。根据鸟的特性，结合中小企业的实际，同“大者”竞争，并获取胜利。

①闻风而动——中小企业或经商者应像鸟类那样，善于闻风而动，争取主动，最忌讳坐以待毙，或“守株待兔”。

②善寻新居——可以仿照鸟类迁徙的性能，把自己的产品迁往竞争不那么激烈的区域。这就叫“宁在小国为君，不在大国为臣”，或“让开大路，占领两厢”。

③巧钻老林——中小企业可以像灵巧的雀鸟一样，以自己“人员少，负担轻，设备通用化程度高，易于转产”的优势，在竞争的老林中活动，“以老养新”，以新制胜。

④捷足换枝——中小企业投其所好，适其所求，随机应变，换枝适变。

⑤精育奇雏——中小企业既要眼观现实，又要摸索潜在市场，开发新产品，改造老产品，从“杂牌”中冲出来，使产品升级创优，实行有自己特色的名牌战略。

⑥仓下充饥——中小企业面对同行大企业既有竞争关系，又有协作关系，要力所能及地靠近企业，跟其建立合作伙伴关系，借以谋得自己的生存。

⑦食少多咽——要像雀鸟们不怕耗费自己的力气，四处走动，力求多往肚里吞进一些食物，积少成多，累积成优。

⑧施展特技——中小企业应具备非常规思维品质，超常脱俗，打破常规常法，以“新特”取胜。

⑨多路进退——中小企业可以仿照鸟巢的构筑技术，把自己的产品结构搞得复杂一些，多角制胜。这要求竞争要有多维思维，不断增加对事物的认识途径，不断增加认识的角度和信息的交流，以此开拓思维空间。

⑩乐于合群——中小企业应重视团结互助的作用，大搞专业化协作，变局部优势为总体优势，增强市场中的竞争能力。

⑪避风躲雨——**中小企业的生存策略的重点不应放在“竞争”上，而应致力于发掘顾客真正的需求上，或者说是替客户创造产品的价值，避免竞争是最聪明的竞争**。“不战而屈人之兵，善之善者也”。

⑫秋获冬藏——中小企业在看准市场前景和慧眼识奇的前提下，可以采取“合法垄断”或“囤积居奇”的做法，利用时空差或价格差，以获其利，但必须合理合法。

### （2）借力法

在千变万化的激烈竞争中，任何企业或竞争者都难以拥有应变制胜的所有利器。借力法是高明的竞争者设法巧妙地运用“借术”，借大制大的方法。关于这一方法，将在后文作详细介绍。

### （3）智胜法

智胜法是指用智慧谋略胜“大”。智胜之法包括妙法、诀窍、奇招、怪门等。由于其内容涉及面广，包罗万象，比如奇正、借力、获知、用人、适变、任势、刚柔、积优、反求等，这里不再详论。

### （4）诀道法

诀道法是经营的秘诀、诀窍、要诀，它是经营实践中经验和艺术的概括总结，是企业家或竞争者的体会和心得。这也是以小博大艺术中的重要内容。**小企业应安于“小”，乐于小，在小字上做文章，在胜大上下硬功。**

- 小——以小求活，以小引大，积少成多，以小博大
- 补——补缺门、补冷门、补短成，以补胜大
- 多——多品种、多渠道、多系列，以多胜大
- 测——预测市场，以测定需，以销定产，测中胜大
- 变——企业变型，产品变向，以变求生，变中胜大
- 学——学政策、学经验，赶先进，求进步，闯新路，学中胜大
- 新——不断更新品种、新样式、新项目，以新胜大
- 快——快进货、快生产、快销售，以快胜大
- 优——生产优质产品，开展优质服务，以优胜大
- 廉——物美价廉，经济实惠，以廉胜大
- 诚——讲究信誉，货真价实，以诚胜大
- 周——为客户服务，热情周到，以“周”胜大
- 专——多中有专，专而出奇，以专胜大

### 3. 勿犯禁忌：忌“怯大”，忌“超高”

#### （1）忌“怯大”

怯大是指竞争者在运用以小博大艺术过程中，缺乏胜大的勇气和毅力。有些竞争者“望大生畏”，不敢同大者比试高低。以小博大的艺术，在一定意义上就是斗胆斗识斗勇。如果无胆无勇就没有小胜大的基本条件。**只有在有胆有勇的基础上，才能勇中生智，改变小的劣势地位，进而巧妙地抓住“大者”的失误，乘虚击之。**当然，不怯并非要“鸡蛋碰石头”，去和“大”当面碰硬，而是要以智慧和才能，避其硬，躲其坚，采取不同的手段攻其虚击其弱，用胜大的方法和艺术去“巧胜”。

#### （2）忌只安于小

安于小是指竞争者以小自居，满足现状，不思进取。这有悖于以小博大艺术的要求。以小博大艺术是一种不甘落后，改变弱小，积极进取，奋

发腾飞的一种制胜之术。对中小企业敢于同大企业竞争，打进国际大市场，具有启迪功能和导向作用。以小博大，不等于囿于小，守其小。同时，小也有小强、小弱之分，大也有大强、大弱之分。如果说，我们安于的是小而弱，而不是小而强，那更是禁中之禁，忌中之忌。无数事实证明，小而强可以斗败大而弱，“小虎”可以斗败“猛虎”。所以，对安于小要作具体分析。要强小，强小就要以运用以小博大的艺术，抓住大而弱者的缝隙，一举胜之。

**（3）忌“超高”**

**所谓“超高”，是指运用以小博大竞争策略要有适度。**超高，就是说不顾“小”者之情“势”，仅凭主观臆想，去硬与“大”进行抗争。其结果，只能适得其反。以小博大之竞争策略都是在特定情况和特定条件下的一种制胜之道，并不是在任何时空条件下的制“胜”之法。所以，要以小博大，就必须造成小胜大的态势，从各方面提供胜大的时机条件，并使“小”铸成一把锋利的匕首，猝不及防地乘“大”之隙，以击败对手。所以，以小博大的运用，起点要建立在“小”情的基础上，权衡其胜大的各种要素协调程度，尔后确定胜大的目标和对策，那种起点不顾“小”情的“超高”，异想天开地去搞以小博大，是注定要败在大者之手下的。

## 二、以小吃大，小蛇敢于吞大象

制约企业发展最主要的因素不是资金与实力，而是思维与观念。管理者的另类思维往往从反常规、反传统的经营之道中寻找到创新途径和扩张方式，空手入市、借势吞象便是逆向思维的创造发明。蛇吞象式空手道的精髓是在“大象”身上注入资源（技术、资金、设备等），让其活起来，并受控于“蛇”。这种资源就是控制甚至是吞并“大象”的有力手段。

### 1. 玩转空手道的蛇吞象奇观

**蛇吞象是空手道的高级形式，指人们运用尽可能少的钱控制尽可能多的财物资产重组过程与方法。**通常指小企业兼并和收购大企业。小企业并购大企业基于三种考虑，一是小企业主对企业的未来盈利能力有着乐观的判断，支撑这种判断的是该企业拥有某种或某些具有市场潜力的产品或技术；二是由于企业内力的持续膨胀，该企业外壳无法适应其进一步的发展，而重新设厂铺摊又消耗内力，此时寻求能容纳适应其扩张的需要的企业外壳（企业外壳是产品知名度、企业形象、生产规模等）是企业的最佳选择；三是大企业由于管理者运用资源能力的低下或制度的问题，产品无市场，很难在原来的制度下及管理者手中维持生存和发展，正处于岌岌可危、停滞乃至破产的地步。

**蛇吞象式空手道的运作方式就是兼并、收购。通俗地说就是买卖企业**。所谓兼并是指一个公司吸收其他公司，被吸收的公司解散、注销，其债权、债务由存续公司承担；还有一种方式是两个以上的公司合并设立一个新公司，合并各方解散，各方的债权、债务由新公司承担。收购是一家公司在证券市场上用现款、证券或股票购买另一家公司（称目标公司）的股票或资产。收购方式有两种：一是收购目标公司已发行在外的股份；二是认购新股，只要没有全部收购，目标公司就不会失去法人地位。收购的目标可能是为了获得控股权，可能是谋求投资回报率，可能是为了进入董事会，也可能是企图全部接收。并购的理由包括现有企业资源的更好用途，产品的更大市场，资产的更好组合及企业制度的改造潜力。企业的买卖提供了一个使企业由能力较低企业家向能力较强的企业家手中转移，使企业的赢利能力提高，资源配置优化的机会。

有这样一个案例，从中可以了解企业是怎么操作蛇吞象式空手道的。

早在20世纪70年代早期，伯杰赖克曾任国际电报电话公司欧洲部总经理，3年内使营业额增加了1倍，达到50亿美元。以后又应露华浓公司创始人查洋斯·赖弗逊的聘请担任露华浓公司的总裁。他接手后，在4年内将营业额增加了1.5倍。但到80年代中期露华浓的业绩有所下降，股价经常徘徊在30美元左右。分析家认为股价低于拍卖资产的实际价，因而引起了企业收购者的兴趣。连伯杰赖克自己都曾想联合同事收购露华浓，只是担心董事会不同意而作罢。

佩尔曼宣布他有意以47.50美元一股的价格收购露华浓公司的股票。当时露华浓股票为30美元一股。佩尔曼一开始就声明收购后将只保留美容化妆品部，而把其他的部门都卖掉。卖价估计可达19亿美元，正好相当于收购露华浓公司的价格，等于让佩尔曼白白得到露华浓公司的美容化妆品部。

伯杰赖克一开始以为像潘特里公司这样的小角色企图吞掉露华浓公司，简直是痴人说梦。他第一次见到佩尔曼时就讨厌这个人。他宁可让别的公司收购露华浓，也不愿被潘特里公司收购。露华浓公司采取了一系列防御措施，企图挫败佩尔曼。他们用每股57.50美元的价格收购了1000万股自己公司的股票，相当于总发行量的1/4。但佩尔曼有米尔肯撑腰，不甘罢休。露华浓公司又暗下与纽约一家专门物色企业的投资集团福斯特曼·立特尔公司达成以56美元一股的价格出售公司股票的协议。协议中还规定万一外人以高价竞争而使福斯特曼公司买不成露华浓公司的话，福斯特曼公司有权在外人控股达到40%时以5亿美元的代价买下露华浓的两个分公司。

协议公布的翌日，佩尔曼宣布他愿以56.25美元一股的价格购买露华浓公司，同时声称已取得5亿美元银行贷款。德雷塞尔银行表示将认购35000万美元的低级贷款，并保证将很快筹集到另外35000万美元作为收购露华浓的备用金。佩尔曼又上法院控告露华浓公司在与福斯特曼公司达成协议时，没有给股东以公平的机会就决定把公司卖给谁，因而损害了股东的利益。法院判佩尔曼胜诉，宣布原协议无效。福斯特曼公司被迫把购股价提高到57.25美元一股。

最后佩尔曼以58美元一股的价格购下了露华浓公司。伯杰赖克被迫离职。收购后2个星期，佩尔曼就把露华浓公司的2个部门以10亿美元的价格卖掉。

米尔肯资助的企业收购当然远不止露华浓一家。假如没有米尔肯提供的低级债券，资产达42亿美元的环球航空公司是不可能易手的。华尔街历史上最大的一宗企业收购项目——售价为250亿美元的RJR纳比斯可烟草食品公司也绝无希望成交。一些收购企业的投资者原来做梦也想不到能吞掉比自己大几倍、十几倍的公司，自然对米尔肯感恩戴德。应当指出，上述那种敌视性的企业收购只占少数，多数的企业买卖均出于双方自愿，不带强迫性。

从某种意义上说，米尔肯使资本市场民主化了。他给美国的金融市场带来了深刻的变化，被认为是自摩根以来美国金融界最有影响的人，而他开始从事低级债券融资时，年纪才30出头。1990年，米尔肯因被控利用次级债券操作市场、借用他人名义购股及谎报控股权等，违反了美国证券法。在一次极有争议的审判后被判处10年徒刑，最终导致德雷塞尔证券公司停业。但是实用主义的华尔街并未以人废言。**米尔肯推广的低级债券作为一种金融工具已被广泛接受。它成了成千上万中小企业的一个重要资金来源，也是收购企业的金融工程技术中不可或缺的一环。**

### 2. 杠杆兼并是以小吃大的工具

对企业来说，如何以最小的资金赚最多的钱，从来就是最大的诱惑。那么，这种属于“超级金矿”投资的产权交易，又有怎样一些技巧呢?“四两拨千斤”就是其中之一。

在世界上开展企业兼并最早且规模最大的国家是美国，“小吃大”现象并不是在近几十年内出现的。在其工业发展的早期阶段，当兼并现象出现不久，就有这样的例子。但是，真正在经济界形成气候，却是在20世纪70年代以后。

从20世纪70年代起开始的第四次兼并浪潮，还以混合兼并为主，但已有一些新变化：除了从无关兼并向有关兼并转化外，便是大量“小吃大”式兼并现象出现。如1985年，经营超级市场、销售额仅为3亿美元的潘特雷·普莱德公司，通过借债方式，竟以17.6亿美元收购了年销售额为24亿美元的雷夫隆公司。

**大量“小吃大”兼并的出现和其他一些原因，还带来了金融手段的大变革**。那就是所谓LBOs的出现。所谓LBOs，也就是杠杆兼并，或曰投机购产。假如投资者要买下一家公司，他们可以只出很小一笔钱（自有资本），而大量靠借钱付款。借款的方式、条件多种多样。其中用得特别多的，是使用所谓“垃圾债券”。这种由商人米切尔首创的债券，虽然风险大、利率高，但它可使收购者的收购能力超越其真正的金融实力，使“小”者具有能“吃大”的资本，因而深得大量企业的青睐。

毫无疑问，筹集到更多“别人的钱”是“以小博大”的关键。

### 3. 以股换股，获得控制权

在产权交易过程中，通过股票互换控制其他企业是经常采用的一种方式。尤其是那些“小吃大”的场合，如果要大量用自己的资金尤其是现款，那么由于其实力极为有限，肯定难以做成。但若以等价交换的原则，拿自己公司股票与别公司股票进行交换，则有可能出现截然不同的结果。因为不少时候，兼并公司虽然是相对较小的公司，但其股票在市面上或根据有关评估得出的价格，比票面价格要高许多。而被兼并公司，尽管相对说规模较大，但在不少情况下，其股票价格与票面相比不太高甚至还要低。**采用“以股换股”，兼并方可用少量股票换得他们大量股票，直到达到拥有控制权的数额**。不仅如此，根据股市的奇妙规律，不少时候，某些业绩好的股票，又会因规模扩大而进一步增值；与此同时，一些被兼并企业因原来市场评价过低，导致尽管其每股收益高于兼并企业的每股收益，但其价格/收益比——PE 比率（Price/Earnings Ratio）比兼并企业低。而当兼并一发生，兼并方的 PE 比率就往往成为兼并后企业的 PE 比率，即市场价格一下就上来了。这样也能达到整体升值效果，实在是一举数得。

西方国家有不少“以股换股”的成功做法，近些年又有新花样，特别值得一提的是通用汽车公司在 20 世纪末兼并电子资料系统（EDS）时推出的 E 股。

通用公司兼并 EDS，是在 EDS 总裁佩洛特根本不想卖出公司的情况下开始进行的，直到通用出了 25 亿美元的高价（即该年 EDS 计划赢利的 33 倍），EDS 才予以同意。25 亿美元并非一个小数目。但实际上通用汽车公司才出 10 亿美元的现金。这除了对 EDS 进行账面处理、从税款中省出一部分外，主要是推出了一种向 EDS 股东“购买”EDS 股票的 E 级股票。这种股票的最大特色，就是其股息并不是以通用汽车公司而是以 EDS 本身的赢利为基础。这看来好像他们没有占通用汽车公司的光，其实恰恰相反。其归入通用后，通用还让 EDS 相对独立，并让佩洛特继续担任其领导，还希望他保持 EDS 原有的富有活力的管理方式。同时，通用对 EDS 又有财力注入并提供更大的市场。一言以蔽之，此时 EDS 原有的优势一点都未失去，而又增加了新的优势。赢利情况比原来只会好不会差。结果不仅作为最大股东的佩洛特愿意，EDS 的大多数股东——广大职工也十分乐意并继续留在 EDS 公司。

### 4. 运用“甜头 + 时间差”的招数

**利益驱动是任何企业经济行为的原始和最大的动机。**那么，如要让金融机构在融资方面积极，则可让其多尝些甜头。现在，有些金融机构是直接作为兼并中介人或促办人出现的，他们对兼并自然有着较强的积极性。但是，“小吃大”式兼并使其负担的风险自然也较大。那么，作为兼并者这一方，对兼并应该有着更好的招数。“甜头 + 时间差”就是一种很好的策略。

克罗克从麦氏兄弟手上买下麦当劳全部股权时，麦氏兄弟开了一个当时吓人的高价——270 万美元。克罗克绝对出不起这笔钱，但是他在得力助手哈利的帮助下，做出一个大胆的决定：以到时付出 1200 万美元本息的代价，向约翰·布里斯财团借贷 270 万美元，一举将麦当劳买下。

这是不可能再高的高利贷，该财团当然愿意干。但是，这笔交易却有一个时间上的条件：分期付款，时限为 6 年。即从麦当劳所有的连锁店的总销售额中每年提取一定的数额，直到还清。

即便如此，财团也很愿意，因为其贷款利润还是十分高的，这意味着 6 年后，他们就可以捞回本金的 5 倍多。从表面上看，好像克罗克吃了大亏，实际上，由于他让麦当劳一举摆脱了保守的麦氏兄弟的控制，而让自己的经营天才得到充分发挥。6 年后，麦当劳所赚取的利润达 30 亿美元！

### 5. 以连续抵押的方式获得银行贷款

谭仲英是美国新一代的“钢铁大王”，他以收购企业不断求得事业的发展。1981 年，他拥有的钢铁企业就有 20 多家。1982 年，他又一举买下在美国钢铁企业中排名 11 的麦克罗斯钢厂。他的资产超过 10 亿美元，跻身美国最大的钢铁家行列。

谭仲英的成功，其一是来自抓住了进入钢铁行业并以自己的才华使其得以发展的良机。当时美国的钢铁工业，由于材料技术的发展和高科技产业的兴起，以及来自日本等国强有力的挑战，在国民经济和世界钢铁界中的地位开始下降。进入20世纪90年代，钢铁业破产企业不断增多。谭仲英敢冒风险，所收购的企业都是一些亏损或破产企业。其二，他采取连续抵押的方式，大胆向银行贷款——每当他要收购一家企业时，很少动用或干脆不用原有企业的经营周转金，而是以原有企业作抵押，向银行争取相当数量的贷款。在将该企业收购下来以后，再用收购的企业作抵押，向银行争取收购下一家企业的贷款，由此连续抵押下去。这样再配以他杰出的经营才华，他的产业也就像滚雪球般的越滚越大。

### 6. 与原公司股东“互利共生”

在20世纪70年代末，香港英资的老牌公司、香港十大财阀名下最大的上市公司——“和记黄浦”，被李嘉诚一举收购成功。“和记黄浦”的市值比李嘉诚的“长实”多出55亿港元。这一收购成功的关键，在于他赢得了“和记黄浦”大股东汇丰银行的支持。当时汇丰银行持有40%“和记黄浦”的股份。但“和记黄浦”由于内部管理不善，赢利不佳，使汇丰银行很不满意，已有“易主”之想。而李嘉诚此时在商场上的一连串成功，使汇丰银行看在眼里，认为他是“最有领导方法的经营家”并能很好地率领“和记黄浦”前进。因而当李嘉诚露出收购“和记黄浦”的意向之后，该行便果断地将自己掌握的22.4%的普通股，以每股7.1元的优惠价转让给了李嘉诚。加上李嘉诚另外收购的一些股票，他所掌握的股票总数就占了39.6%，于是理所当然地坐上了这家英资集团董事局主席的交椅。从此，这家香港英资四大洋行之一的企业集团便成为归入华资财团的第一家。而李嘉诚的“长实”也由此摘取香港集团公司的桂冠。

汇丰银行的“大方”的确耐人寻味。这不仅是由于它以优惠价将大量股份出让，更因为它是香港印发钞票的“官衙”。正如香港有关报刊所评述的：历来官商交易，送好处的应当是商人，而此次却变成了官家，真是大异常态。其实汇丰银行绝非做“善事”，更不是做亏本买卖。尽管他出让了普通股，但还有近20%的优先股在手。只要李嘉诚能将“和记黄浦”经营得好，它同样可得厚利。

果然，“和记黄浦”一到李嘉诚手上，就很快驶上了发展的快车道，推出了一系列堪称里程碑的大动作：收购香港仅次于中华电力的大电力公司“港灯”、逐渐垄断货柜码头、向海外进军并使“和黄”成为香港最大的跨国综合企业公司、推出“黄浦花园”等大型物业。经营效益越来越好。接手“和记黄浦”前一年，该集团综合纯利才2.3亿港元，接手之后的第二年便升到3.32亿港元。十年后，更增加到30.3亿港元。经20年的苦心经营，到20世纪末为止，市值在所有上市公司中名列前茅。而此时，汇丰银行也已从中得到了丰厚的利润。于是，李嘉诚和所收购的公司的大股东汇丰银行，实现了真正的“互利共生”。

## 三、借势经营，借助外力成功

一代谋略宗师诸葛亮“草船借箭”的故事世人皆知，诸葛亮草船借箭，巧在利用了天时，最终在这场战役中，使弱小的蜀国借势而战胜了强大的魏国。在现代经济活动中，在激烈的商场竞争中，企业同样可以借用天时、地利与各种条件和机会，**只要精心策划，就可借以发展自己，壮大自己，在如林的大企业中找到自己的生存空间。**

### 1. 成大业者无不善于借势

美国纽约工商界八大奇才之一的洛兹，特别擅长“小吃大”。他起步的第一步，就令人叫绝。

洛兹26岁时，用辛辛苦苦赚来的1500元，在纽约开了一家袜子店，专门销各大厂家生产的袜子。洛兹十分能干，而且气质很招人喜欢。有一大厂的老板，有意识扶他一把，便对他说：“你开这种店子赚不了几个钱。不如帮我加工袜子。只要找几间房子，买几部织袜机就可以开始干了。你不必担心销路，不必担心原料，而钱比你现在肯定多得多。”

这是天赐良机，别人求之不得，但洛兹天生就是做大事业的人，他绝对不满足于此，而要把这机会放大。经再三考虑，他决定不当这位老板的加工者，而要自己开设制袜厂。

自己开厂很需要钱，即使是先搞小的。他把自己的店子转让了，也只能买一点设备。再向亲朋好友借点钱，至多能把厂房租下来。其他方面就顾不上了。于是，他想获得那位想帮他的老板的支持。



那位老板听说他放弃有利无险的加工商不做，却要自己开设厂子，大出意料，勉强地笑着说："这样一来，我们就成了同行，我恐怕不能帮你什么忙了。"

"不，可以。我想借用你的销售网，顺便帮我销一下。"

"那怎么行！"老板叫起来，"那不是来帮助你抢我的生意吗？请问天下哪有这样的傻瓜？"

"不，"洛兹笑着，努力说服，"我的产品可能还不到你的产量的万分之一。而且，我只是暂时借用，生产一上轨道，我就会自己想办法。"

说得颇有道理。看来洛兹并不会对自己构成威胁，何况自己原来就想帮他，所以这位老板答应了。不仅如此，他还愿意将自己商标提供给洛兹使用。说实话，他对洛兹的关心，可谓是无微不至。但他没想到，这点被洛兹拒绝了——他已经想到将来自己必须创出自己的名牌。

但他还要老板帮一个忙："我出广告费，由你的公司出面替我做一个广告，就说我的产品委托你们代销。"

老板很爽快地答应了，还开了一句玩笑："这样一来，你的产品就会和我一样出名了。"

事实上可不是玩笑。因为几年后，洛兹公司的产品不仅比他公司的产品有名，而且他的公司也成了洛兹的囊中物了。

洛兹一方面组织优秀人员，在花色、式样等方面不断创新，推出了一系列市场叫好的产品，另一方面充分利用大老板的销售网，大力打开销路。这一市场先行战略取得了成功。订单越接越多，原有规模的小厂已无法满足需求，于是便以工厂作抵押贷款，把规模扩大了三倍多。之后，更进一步采取"以股换股"的策略，将其他一些小厂收到他的公司之下。而这时，他已经不仅仅利用那位老板的销售网，而且自己还到其他百货店、零售店送货了。

这时候，那位老板坐不住了。一则他没料到洛兹的势头如此之猛，抢走了他不少市场；二则是在洛兹合并的公司中，有几家还是他的卫星工厂。他跑去找洛兹算账，骂他忘恩负义。洛兹知道他的一些理由站不住脚，但感谢他当初的提携，就停止了制袜业的投资，转向成衣业进军。

一年以后，出乎那位老板的意料，他的公司并没有因洛兹减轻了竞争压力而好转，反而陷于更加困难的境地。这时他才意识到：根本的原因是自己经营上的失策，没有注意开拓。即使洛兹不扩大规模，别人也会乘机而起。但现在意识到这点已经为时过晚，要想进行整顿又已经力不从心。最好的办法，就是将公司出售。而要寻找收购对象，没有比洛兹更好的了。不仅他采取的“以股换股”的策略，可以使原来该公司的股东变成洛兹公司的股东，而且他的开拓能力大家信得过，公司转让给他，大家绝对有利。就这样，仅仅在洛兹决定自行开厂的第四年，原来他仰以发展的大公司，成了他企业集团的一部分。

洛兹的成功，是“借势”谋略的体现。**成大业者无不借势**。在产权交易过程中，借势之所以能成为杠杆，也是由于它可以省略一些原来非花不可的钱。而且比起直接借钱来说，还省略了诸如自己建销售网等许多中间层次，实在是事半功倍。

“小吃大”式的产权交易是很迷人的，但必须有一些周边支持条件：

第一，以股份制为主要组织形式的现代企业制度的建立是必要前提。因为，只有股份制公司才能保证不必将对方的公司全盘买下，只要能收购其一定的股份就可以获得对公司的控制权；此外，由于股票不断起伏的市面价值往往能反映企业的经营业绩，业绩好的企业由于更能得到投资者青睐，所以在以股易股时能以少换多获得大企业更多股票，也更易得到金融界的融资支持。从历史的情况看，世界上企业兼并最多的国家是美国，尽管在工业化的早期就有兼并，但大规模的兼并却是在19世纪下半叶、企业制度演化为以股份制为主以后。

第二，经营者地位的提高。小企业要能“吃”大，经营者的经营水平起着举足轻重的作用，企业投资的投入产出比（利润率）、投资的前景等，这些对企业的兼并中能否“有力度”的方面，都主要是由经营者们所决定。所以无论是从提高其物质报酬还是让其对企业有效地行使经营权，都应该尽可能提高其地位。从20世纪70年代后期到80年代，美国企业经营机制起了一些新变化，表明企业经营者地位进一步提高——越来越多的公司经理人员通过兼并在公司中直接参股，形成富有新特点的一种“杠杆收购”——“管理集体收购”。

### 2. 能借就借，巧借东风好行船

没有一个人能够仅仅依靠自身的力量而不借助外界力量就能成大事的，经商谋财也是如此。借弓借箭，恰到好处，一样可以致富。

其实，**一个“借”字，内涵丰富，变化万千，奥妙无穷，由借而生的“借技”“借术”，在企业策划和经营中更是大有文章，神通广大无所不能。**

一般说来，“借技”“借术”的运用策划，应该注意遵循以下原则。

**（1）可能性原则**

在“借技借术”的策划中，最重要的也是最基本的问题是选择好所借之“载体”。这种“载体”无论是有形的实体，还是无形的“软体”，都必须借之有用而且借之有大用，借之无用或作用微小就会弄巧成拙，多此一举。这便是可能性原则。

**（2）时机性原则**

俗话说：机不可失，时不再来。“借技借术”时机的选择和把握十分重要，是“借技借术”成败得失的关键因素。

**（3）创新性原则**

“借技借术”的策划本身就是一种创新。创新性的策划最忌讳平淡无奇，因为平淡无奇不能引起公众的注意，不能打动公众的心灵，不能引起公众的情感，更不能提高企业知名度。因此，“借技借术”的策划要创新，要别出心裁，出奇制胜，一鸣惊人。

“借技借术”的运用，没有现成的版本，有的只是精心设想，巧妙构思，并选用恰当的时机和载体推出，达到借他人的力量发展自己或达到自己的目的。“借技”“借术”，就是要在“借”字上做文章。如何“借”？就是选择时机，就是选择“载体”，就是创造和创新。

### 3. 借他人的力量，补自己的不足

资金是小企业起飞的基础，是经营者扩大自己的经营规模的前提。现在的筹资方式繁多，如银行贷款、发行股票、发行债券、引进外资、买方

借贷、卖方信贷等等，在我们具体操作的时候，可以不拘一格，因情顺势，择优选用。技术和人才是开发新产品的关键，如果自己的技术和人才有限，不妨“借一借”，借用科研院所、大专院校的力量，合力研制新产品，一方面盈利，另一方面也有力地把科学技术直接转化为生产力。

**在经济蓬勃发展的今天，一个“借”字曾演出了多少舞台喜剧。**如借人扬名，企业的知名度和商品信誉，是竞争中取胜的重要因素。如果企业名不见经传或产品刚刚问世，不妨买来别人的商标，替自己的企业或产品鸣锣开道。如借屋搭棚，把自己加入到大中型的公司当中，借他们雄厚的势力，为自己搭一个充分发展的棚；又如借风起飞，一些实力不是很强的经营者，可以通过联合，迅速扩大生产规模，开发出新的经营领域；再如借花结果，与科研单位或大专院校合作，借助他们优越的人才优势，进行新产品的试制，争取成果转让，把成果转化为生产力，达到创利的目的。

**借，可以弥补自己力量的不足，可以强化自己的优势。**借，可以让自己突破各种局限，可以达到事半功倍的效果，创造出沙漠中的绿洲。

香港富豪霍英东先生，就是巧妙地运用了“借”字，首创“先出售后建筑”的经商模式，这使他成为人人赞叹的“奇特发迹者”。霍英东在经营房地产的过程中，充分显示出他精明高超的经营头脑。以前的房地产都是先花一笔钱购地建房，建成后再逐屋出售，或按房收租。霍英东变了个戏法，他预先把将要建筑的大楼分层出售，再用获取的资金兴建大楼。这样一来，他可以用少量的资金来办大事。原来只能兴建一幢楼的资金，他可以用来建筑十幢楼，甚至更多。同时，他又能拥有雄厚的资本来收购地皮、采购先进的建筑机械。这样，他就能以比同行们低得多的价格出售地点优越的大楼。霍英东的这个“戏法”，开创了大楼预先出售之先河，使他的立信建筑置业公司在短短的几年里所营建、出售的高楼大厦遍布香港、九龙地区，打破了香港房地产买卖的纪录。这个既不是建筑工程师出身，又非房地产经营老手的水上“穷光蛋”，成了香港房地产业的巨子。霍英东的发迹可以说是借别人资金之力，创造出了自己的沙漠绿洲，成就了他的大业。

我们应该看到，**“借”不是“靠”，“借”不能依赖等待。**我们这里的“借”，是借来之后要为己所用，要让所借之“鸡”能为自己下“蛋”。这除了要借得适宜，借得巧妙之外，借来后就要靠自己去全力去拼搏，一丝一毫马虎不得。因为是借来之“鸡”，就要更加小心谨慎，周密计划，步步前进，滚雪球般慢慢壮大，经营出自己的一片天地。否则，稍有不慎，“蛋”没得到，“鸡”也飞了，竹篮打水一场空，那就悔之晚矣！

### 4. 借钱投资，以小钱赚大钱

美国林格公司的发展，是一度令人眩目的企业奇迹。它在第一个10年成长率为2200%，在第二个10年竟高达20000%！

林格原来是一个在海军服役的通信兵。在第二次世界大战后，他解甲归家，想凭着自己在部队掌握的丰富的电讯知识办一个从事电气承包的公司。身无分文的他把房子卖掉后，得了3000美元。他靠这3000美元起家，成立了林格公司。在通过从事电气工程承包积累了一定原始资本后，就开始了这种投资策略：大量向银行借贷（一般是长期贷款），一旦瞄准了目标，就不惜借贷巨款进行兼并。假如对方不肯轻易就范，则以高价收购其股票，以得到控制权。其中，最有名的一次，是合并威尔逊食品公司。该公司成立于1925年，比林格公司早20多年；年销售额为9.9亿美元，比林格公司高出一半以上。此外，该公司还是一家跨国公司，在英国、新西兰、比利时等国都设有子公司。有人评价：林格公司就像一个太阳系。总公司是太阳，其他子公司是行星，他们不断围绕太阳在旋转。林格因此还获得一个外号——“侵夺别人公司的魔术师”。

有人曾问林格为什么能取得这样大的成功。他说：“没有什么。我不过是擅长以别人的钱来为自己赚钱罢了！”

这样的回答耐人寻味，但却并没有很大新意。其实，自己出最少的钱、借大部分的钱来完成投资，以小钱赚大钱，是金融史上玩“金融魔术”最古老的花招之一。犹太人对此最是擅长。这有一个公式——Leverage = 长期借款/投入资金总额。**投资中所用的借款越大，投资者本人所出的股本越低，则投资者由此得的好处也越大。**

假如你从自己的资金中拿出100万元进行投资。一年后，你的投资获得了丰厚的报偿，你这100万元就变成了300万元。毫无疑问，你赚到了

200% 的利润。然而，如果你只是出 10 万元，其余的钱都是借来的，那么即使你是采取高利贷方式借的钱，现在你必须照 30% 的利率还，即连本带息要还 117 万，那么你投资 10 万元所得的纯利还有 173 万元，即利润率高达 1730% 。通过这种计算，不难发现哪一种投资方式更合算。

### 5. 以借助外力实现超速扩张

万丈高楼平地起。任何企业的辉煌都是从小到大、从无到有一步步发展起来的。詹姆斯・林用实践告诉了人们：借势经营是超速扩张的新途径。

詹姆斯・林出生在一个贫困的犹太人家庭。他 14 岁开始流浪，参加过两次世界大战，退伍后用 3000 元钱开办了一家小电机工程行，从此开始了他的传奇生涯。

创业之初，万事皆难。他的主要财产只有一辆旧卡车，一间租来的办公室以及老板兼职员的自己。

詹姆斯・林开始从装修成本上寻找突破口。当时正值第二次世界大战结束不久，大批军用剩余电线廉价出售。眼疾手快的他购得了这些便宜的电线，使成本大大降低。这样他在承揽工程时，报价总是低于其他公司，抢到了很多非住宅工程合同。

这是他在事业上的第一次成功突破，他的电气行也得以从众多的小公司中脱颖而出。到 1955 年，其营业额已超过了 100 万美元。他从微薄的资金起步，取得了这样的成绩，应该说已经是相当不错的了。

之后，他创立了新的股份公司，并拥有 40 万股的股权。按上市股值计算，有 100 万美元之多，从当时股市变化趋势来看，短短几个月内，其价格将上涨许多倍。

詹姆斯・林正像那些最终成为商业巨子的成功者一样，他在事业顺利时绝不“见好就收”，而是乐于冒风险。他无意出售股权，而是踌躇满志地计划建立一个企业王国。

虽然初战告捷，但他那通向企业王国的道路却并不平坦。美国的市场竞争十分激烈，中小型公司时时面临着倒闭的危险，要想扩大自身的经营尚且困难，更不用说在短时期内迅速崛起。

在风云变幻的市场竞争中，詹姆斯·林又独辟蹊径，在短短几年间一举买下了3家公司，资产总额扶摇直上，到1960年已达数千万美元。

1961年春天，他终于如愿以偿，兼并了伏特公司，又一次变更公司的名称为林－迪姆柯－伏特股份有限公司，简称LTV公司。

如果按照常规模式发展，LTV要达到这种规模非得几十年不可。詹姆斯·林却在几年内就达到了目标。这自然应归功于他不满足现状、敢于大胆想象的独特思维天赋。

当这些被吞并的公司并入LTV公司之后，它们的旧股东把原来的股票交回，换发了LTV母公司的股票。这样，在股市上已买不到原来的如迪姆柯公司、伏特公司的股票，能买到的只有LTV公司一家的股票。

当年组成股份公司的经验告诉詹姆斯·林，发行股票后随着股市上涨，他的财富便大大增加了。

但是，似乎所有的超级富豪都有一个通性，那就是金钱本身并不能令他们满足。到20世纪末期，他的财富已足可供他到任何他乐意去的地方选择一个平静的伊甸园，安享人生各种乐趣。但是，他念念不忘的仍然是发展。于是，他又看中了威尔逊公司。

威尔逊公司是一家王牌企业，本身也是通过吞并其他公司发展起来的，只是作风比较保守。这家公司年营业额达10亿美元，是LTV公司的2倍。雄心勃勃的詹姆斯·林又该如何吞并它？答案仍然是用别人的钱。威尔逊公司的股票，是华尔街所谓的价位偏低型股票，也就是说，就其营业能力和其他同行相比，它的市场售价偏低了些。

这其中的原因很多，主要是因为威尔逊公司作风保守，不善于替自己做广告，也不像其他竞争者在股市上哄抬自己的股票，因此，投资者不大注意它。

但就是这种公司的潜力大，并且很难控制。虽然其经营声势并不大，但不会将控制权轻易拱手让人。况且LTV公司的营业额比它少一半，更加不甘心让詹姆斯·林得手。

不过，收购行动有对他有利的一面。威尔逊公司股价较低，只需8000万美元即可买到控制该公司的股权。他以LTV公司持有的股票作抵押，到银行贷到了这笔数目并不小的现款。

在证券市场上威尔逊公司持有的股票量并不多，大部分都控制在公司的大股东手中。詹姆斯·林除在股市上买了一部分股票外，又找到该公司的股东，以高于市场价格买下了一部分股票。这样，威尔逊公司的大部分股票落入詹姆斯·林手中，尽管该公司的经营者不情愿，也只有无可奈何地看着公司被兼并。

购买股权从而得到控制权，这在兼并公司的手法中属于一般做法，真正体现詹姆斯·林独特手法的是他如何偿还那笔8000万美元的贷款。

在威尔逊公司被兼并后，LTV公司背上这笔债务。詹姆斯·林首先设法把大部分债务转到威尔逊公司的账上，该公司仍是个独立的公司，所以债务人变成了威尔逊公司，而不是LTV公司。当然这只是一种操作技巧，虽然巧妙，但钱还是由詹姆斯·林来负责偿还。

威尔逊公司的规模大，潜力更大，胸有成竹的他早就看准了这一点。在经营上，他按照分散LTV公司的做法，把该公司分成了3家独立的股份公司，同时发行新股票。其中大部分成为LTV公司的资产，其余的则公开上市发行。

单是发售股票所得款项，就足以抵偿移到威尔逊公司账面上的债务。华尔街的其他人被这一精彩绝伦的手法惊得目瞪口呆。

詹姆斯·林总是敢于做别人想都想不到的事情。这次他在几乎没有动用自己公司资金的情况下，竟吞并了一家比自己公司大2倍的老牌企业。

当时美国商界有人评论说，这是他聪明地在利用别人的钱赚钱的历史上一次最为高明最为成功的手法。

投资者得知威尔逊公司已被LTV公司兼并后，对詹姆斯·林为独立的3家公司掌舵感到信心大增，都抢着购买新上市股票，股价越来越高。

LTV公司掌握了上述3家公司的大部分股权，股价看涨时，其资产也同步上涨。按照当时股价计算，这时单单LTV拥有的股票价值就是威尔逊公司未被兼并时价值的2倍。

詹姆斯·林因其在商界的卓越表现而跻身美国400个豪门排行榜之列。这位商界奇才在激烈的市场竞争中如鱼得水，游刃有余。他以小吃大收购其他公司时的独特手法，至今仍为人们津津乐道，更给后来者以无限启发。



## 6. 借名扬名，“狐假虎威”

“狐假虎威”是一种精明的商战策略，具有投入少、见效快、收益大的效果，甚至有起死回生之奇效。这是小企业尤其应学会的一招。

其实，作为一种商战竞争战术，“狐假虎威”就是“拉大旗，作虎皮”，借名扬名，借名抬高自己，发展自己，这在现代商战中屡见不鲜，而且屡用屡有效，如果你也能精于此道，事业不愁不能更上层楼。

**借名扬名术是许多精明的企业经营者在商战中常用的战术。**

一般来说，借名扬名术，有以下三种基本方式。

### （1）与名牌、名店、名厂、名人联姻、联营

这种方式是借名牌之势抬高自己，并乘机借势发展自己。

甘肃天水啤酒厂地处西北最大的自然森林区边缘，取历史名泉“甘泉”水精酿制成的“大小啤酒”，虽然质量上乘、风味独特，但因品牌没有知名度而销路一般。1994 年，天水啤酒厂与北京啤酒厂联姻，通过引进北京啤酒厂的技术工艺，一方面狠抓产品质量，使啤酒质量再上新台阶，保证名副其实；另一方面以北京啤酒厂天水分厂的名义打起了“北京啤酒”的牌子。这一招不仅使天水啤酒占领了天水市以及甘肃省的主要市场，而且打进了西安、宝鸡、绵阳等地，深受欢迎，销路很畅。

在中外合资企业中，采用同国外名企、名牌联姻，发展自己的策略应用得更为普遍，且大多都比较成功。

### （2）利用名牌、名人、名厂、名店之名

这种方式是通过利用名牌、名人、名厂、名店之名来抬高自己，使自己被发现。

“南有茅台，北有皇台”，这是甘肃凉州皇台酒厂曾经盛极一时的主题广告语。它巧用中国第一名酒“茅台”之名，抬高了自己的身份，将“茅台”与“皇台”相提并论，使“皇台”与“茅台”并驾齐驱，实为借梯上楼的高明之举。眼下，“皇台酒”已由地方名酒跻身“中国名酒”“世

界名酒”的行列，其品牌的身价日增，前景看好。“南有茅台，北有皇台”的形容与愿望，似乎正在变成现实。

事实上，“皇台酒”不仅仅是利用“中国第一名酒茅台”来抬高自己，而且“皇台”这一品牌名称也是借名扬名的结果，它是利用“凉州”历史文化名城中著名的历史名胜“皇娘娘台”而取名。这种利用名山、名胜以及历史名人之名，古为今用，借名扬名的技巧，亦是企业策划中常用的方法，其中也不乏成功者。如借“杨贵妃”之名而来的“贵妃酒”，借“曹操”之名而来的“杜康酒”，借“关羽”之名而来的“关帝酒”等。

**（3）巧借名牌、名人、名店、名厂之势**

这种方式是“坐享其成”而借梯上楼。运用这种方式的关键在“巧”，对于船小好调头的小企业比较适用。

有一段时期，广播电视里，报刊路牌上，经常听到、看到“东奔西走，要喝宋河好酒”的广告词。这句广告词，不仅使嗜酒者对“宋河酒”有了极深的印象，妇孺也耳熟能详了。之后，宣传媒体上打出了一则妙语广告：“家有郎酒，何必东奔西走。”这句广告语借助了“宋河好酒”广告在受众心中早已有之的效应，巧借其巨资投入培育而受众普遍认同的“东奔西走”代名词，坐享其成，取代了“宋河好酒”的位置，收到了奇效。

**值得指出的是，“狐假虎威”之术并不是“百发百中”，有时还会弄巧成拙**。因此，当你的小企业欲采用这种战术时，在策划中或实际运用中要注意把握好以下几点。

第一，遵守有关知识产权、商标及广告法规，防止侵犯名牌的合法权益。

第二，注意策划技巧和消费者的心理承受度。比如，有那么一则借洋名牌抬高自己的广告——“酒，XO 的享受”，这句广告语的策划技巧如何暂且不论，但它忽视了国人的民族自尊心的承受度，让广大广告受众听后很不舒服。有人不愿忍受而撰文批评，高呼：“中国人应该多一些自信，不要洋货陪衬，不要‘XO 的享受’。”

第三，注重创新。“狐假虎威”之术，看似平淡无奇而又简单，其实并不简单。往往越是看似简单平淡的事情，越是大有文章可作。借跟借大不一样，俗手的借，只是拿来用之；高手的借，借中求变，借中求新。这借中创新，才是灵魂所在。

总之，借的学问很深，就看企业经营者怎么钻研。借的文章很大，就看企业策划人怎样去做。



### 7. 借强攻弱，"攀龙附凤"壮大实力

"借强攻弱"，语出战国时代。秦国实行连横的超级借势谋略，拆散六国合纵，凭借武力不断扩张，使秦国往往兵不血刃而取六国之地，最终统一了中国。

**"借强攻弱"这一谋略的成功，很重要的因素在于，要想达到借强势攻弱兵的目的，就必须运用各种手段，与更多的人去合作，最后实现各个击破，尽为我有。**

对于大多数起步不久的中小企业来讲，实施"借强攻弱"谋略如果得当，也可以使自己得到强大者的庇护，顺水推舟，得到较快发展。这方面较常见的方法是"攀龙附凤"，借势经营。

所谓"龙凤"，指那些实力雄厚并有强大后劲的大中型企业，拥有名优拳头产品，拥有高科技成果和自己的科研机构。许多中小企业规模小，技术落后，船小实力弱，在市场竞争中经不起大的风浪。如能"攀龙附凤"挂靠上科技先进的骨干企业，就能迅速发展壮大，并在不断发展、提高中孕育出新的"龙凤"，扶摇直上，鹏程万里。

在现代商战中运用"攀龙附凤"最为成功者，非比尔·盖茨莫属。

比尔·盖茨在创业不久，就抓住了机会"攀上了IBM这根高枝"，借强伐弱，借船出海，壮大了自己，削弱了竞争对手，成功后的世界首富比尔·盖茨自己也承认"是IBM一手养成了微软"。IBM公司历史悠久，规模庞大，有"蓝色巨人"之称。这个名字缘起于这个公司的管理阶层人人都穿蓝色的西装，公司的著名标志采用蓝色。而在股票市场，IBM公司的股票属于业绩良好的蓝筹股。人们认为这个拥有亿万资产的计算机公司在所从事的每件事上几乎没有不成功的。它不仅仅是一个公司，而且是一个王国，它的高级职员在异国犹如贵宾。如果他们迷路或惹麻烦，身上佩戴的职衔名牌比美国护照还要管用。

20世纪70年代，IBM确定了尽快进军个人电脑市场的方案，并命名为“西洋棋方案”。

比尔·盖茨将公司设在华盛顿州的贝尔维尤。他可想不到在自己的办公桌上，有一天居然会听到从电脑里传来的、代表“蓝色巨人”的声音。是呵，即使在今天，盖茨仍然是这样看的：国际商用机器公司是家大公司，同这个巨人合作，那是鱼跃龙门呀！

这年7月，盖茨突然接到IBM公司一位代表的电话。电话内容使盖茨很是兴奋：IBM公司想派人来找盖茨谈谈。盖茨毫不犹豫地答应了。

当时的IBM公司要打一场闪电战，迅速占领市场，唯有采取非常手段。1980年9月，IBM公司与微软公司的结盟正式形成：IBM公司生产的16位个人电脑将采用英特尔公司的8086微处理器，在当时最流行的CP/M磁盘操作系统环境下，该电脑采用微软公司开发的BASIC语言、“科博”“公式翻译”“帕斯卡”（Pascal）等几类软件，这无形中确认了微软的软件开发权威地位。

在IBM PC电脑正式推出上市一周后，IBM发给微软一封信，说“亲爱的伙伴们完成了一项优秀的工作”。这对于被喻为“婚姻”的合作关系而言，并不算十分热情。何况，任何攀上蓝色巨人卧榻的人，常常在酣睡中被一脚踢下。

为了避免这一厄运的发生，盖茨打算乘胜追击，并展开了一系列攻势，与众多公司合纵连横，以使微软产品广为接受。数据设备公司，这家重要的计算机公司本来打算采用基尔代尔的CP/M，但盖茨得知他们迫切需要文字处理系统，便许诺将卖给他们微软文字处理系统。事实上，该系统还在开发过程中，就是一年后也未见得面世。可数据设备公司信以为真，答应了盖茨的条件，采用了DOS操作系统。

不久，事情大致告一段落。借强攻弱、借势经营的结果是盖茨步步逼人，而其他软件开发商则全无还手之力。虽然当时的软件市场上仍有许多软件开发者，但是微软DOS是IBM PC市场的唯一标准。在IBM PC问世6个月后，微软正式成为PC软件方面的领袖。走出了这一步，以后就好办多了。从那以后，由于IBM PC的销量日增，有越来越多的应用程序被开发出来以满足这种机器。MC－DOS成为开发的标准与基础，使盖茨成为最大的赢家。

虽然盖茨并不一定了解中国的历史，但却将借强攻弱的谋略运用得十分成功。与其说比尔·盖茨智慧过人，不如说**借势应当是全人类共同的智慧、相通的制胜谋略**。

# 第八章

# 以退为进，后发制人

## ——在退却中赢得竞争的主动权

在企业的经营管理中，一味地前进并非完全是好事，还应该在必要的时候适当退却。更为重要的是，应该锻炼自己忍耐的韧性。当到了实现企业发展目标的时候，委曲求全有时候能比奋力反击更加有效。以退为进的经营方法，就是在企业的逆向管理中，表面上退却，实际上是进攻或准备进攻的一种战术，以逆向反弹来取得胜利。

## 一、以逸待劳，出奇制胜

以逸待劳是以自己的安闲、休整、养精蓄锐，来对付对手盲目出击后的疲劳，以便乘机出击战胜对手。这是企业面对强劲对手时所应采取的一种逆向的应变策略。不可操之过急，不可强求，后发制人、出奇制胜是以逸待劳的要旨。

### 1. 以逸待劳、后发制人的福特公司

以逸待劳之法，已被广泛运用于虽无剑拔弩张却不乏激烈竞争的企业商战之中。运用该法，就是在现代商战中，企业经营者善于打破常规，善于牵动和疲劳竞争对手，而我自从容，养精蓄锐，保存实力，待机而动，后发制人。这是企业的逆向管理中常用手段之一。

20 世纪 20 年代初，是美国汽车工业全面起飞的时期，各大公司纷纷推出色彩明快的新型汽车，满足消费者的不同喜爱，因而销路大畅。唯独黑色的福特车保持不变，显得严肃而呆板，因而销量急剧下降，公司出现了不景气的现象。

面对各方面要求福特开发花色汽车的建议，福特总是坚决顶回去："福特车只有黑色的。我看不出黑色有什么不好，至少比其他颜色耐旧些。"公司逐渐陷入了困境，福特开始裁员，部分设备停工，公司内外人心浮动。连福特夫人也大惑不解，沉不住气了。福特却笑着说："这是我的袖里乾坤，先不告诉你，等办妥了再说。"他夫人担心公司牢骚太盛，会人心思走。福特则信心十足地说："我们公司的待遇高于任何其他企业，他们不会生异心。同时他们知道我是绝不服输的人，相信我不跟别人生产浅色车，一定另有计划。"

有人建议说，至少我们应该有新车在市面上销售，不至于让人说我们快倒闭了呀。福特诡谲地一笑："让他们去说吧，谣言越多对我们越有利。"人们感到很奇怪，问公司是不是正在设计新车？是不是跟别人一样，会有各种颜色的新车？福特回答说；"不是正在设计，是已经定型了！也不是跟别人一样，而是我们自己的，而且我们的新车一定比别人的都便

宜!”这就是福特一生中最得意的“杰作”之一——购买废船拆后炼钢，从而大大降低了钢铁的成本，为即将推出的A型车奠定了胜利的基础。

1927年5月，福特突然宣布生产T型车的工厂全部停工，这是公司成立24年来第一次停止新车的出厂，市面所卖的都是存货，消息一出，举世震惊，猜测蜂起。除了几个主管干部外，谁也摸不清福特打的是什么算盘。让人奇怪的是，工厂停工后工人并没有被解雇，每天仍然上班。这一情况引起新闻界的极大兴趣，报上经常刊登有关福特的新闻，助长了人们的好奇心。两个月后，福特终于透露，新的A型汽车将于12月面市。这比宣布工厂停工引起的震动更大。年底，色彩华丽、典雅轻便且价格低廉的福特牌A型车终于在人们的长期翘首等待中源源上市，果然盛况空前。它形成了福特公司第二次起飞的辉煌局面。

福特公司由于T型车的开发，确定了它在美国汽车工业中的地位。这次面对各公司以色彩、外形为武器发起的挑战，福特并没有应战，而是养精蓄锐，扬长避短，抓住质量、价格这两个关键做充分准备，一旦成熟，就使对手们由强变弱，由优变劣了，这就是老福特的“锦囊妙计”**——以逸待劳，后发制人。**

### 2. 把握契机，巧寻生存缝隙

经营契机的发现，需要一种创新的思维。市场在变，企业在变，管理模式和市场行为一定要变。在逆向管理者的眼中，“条条大路通市场”，何必争挤一条船。只要去发现，市场总是有机会的。

**在市场经济中，竞争是实力和智慧的较量，其中用智比用力更重要。**用智是一条以小博大、以弱胜强的胜利之路，也是一条从小到大、从无到有的发展之路。

有位经济学家曾讲过一个生动而有趣的故事：如果一个犹太人在美国某地开了一个修车店，那么，第二个来此地的犹太人一定会想方设法在那里开一个饮食店。但中国人则不同，如果一个中国人在某地开一修车店，第二、三个来此地的中国人，则往往开的也是修车店。

千军万马过独木桥，落得个人仰马翻是常事。能不能来个逆向思维，避开角逐，另辟蹊径呢？经商办店“奇”者富，大凡在角逐激烈的市场上取得成功的经营者，都有“宁为鸡首，不为牛后”的独立个性，他们的经营思想，大都步入一种“避免竞争”的更高境界。因为一味竞争，对手不但“甩不开”，还会紧追不放，弄得精疲力竭，两败俱伤，而避免竞争却好像先天的具备了一种“亲和”性，避免四面树敌。

日本人小柳茂孝开了一个“无主意”商店，让顾客替老板出主意：经营什么项目才好，或者直接向商店提供商品。这样的“无主意”，却正迎合和适应了顾客的主意，又为许多业余发明者提供了展示他们创意的机会，被亲切地称为“业余发明展销所”，受到富于幻想和开拓精神的年轻人的欢迎。

与其做“第100”个对手，不如做“第一个”强者。亦步亦趋无意思，“避免竞争”境更高！那么今天的市场发生哪些变化，在这样变化的市场中为什么要避免和如何避免竞争呢？欧美经济学者分析有四大变化。

第一，随着科技的发展、信息的普及和人们生活水平的提高，市场需求越来越多样化，产品寿命周期越来越短，同时市场竞争也越来越激烈。

第二，争夺市场的策略在一些成熟的消费品行业，比如家电、PC机、饮料、租借汽车业，已经是司空见惯、很平常的事情了，它所强调的是广告、促销、定价和分销。消费者主要关心的是产品的价格和质量，产品的多样化只不过是装装门面而已。

第三，创造市场的策略是一个划分策略，在运用这项策略时，经理更像是企业家，他们应善于创造新思路，善于创造新市场。企业在打算进入某个行业时，应该好好分析一下这个行业，认真分析自己企业的实力和企业的外部环境，找出自身的优势和劣势，预测可能面临的机会和威胁，并利用自己的优势，抓住机会，去开创一个全新的市场。

第四，目前，市场需求的细分正向纵深发展，缝隙市场变得越来越有利可图。**一个企业，无论其规模多么庞大，在满足市场需求上无论如何也不可能面面俱到，这就为其他企业进入该市场提供了机会。**企业可以根据产品销售地域的不同细分市场，也可以根据顾客的年龄、文化层次、兴趣爱好及产品的特殊性能等许多方面来进行市场细分，确定企业的目标市场。

## 二、退避固守，蓄力反击

当时机有利、条件具备时，“进”是必需的抉择。当强手如林、情况复杂时，“退”就是最佳的选择。在多变的市场中，“攻”“守”是可以易位的，“进”“退”是相互依存的。

### 1. 避开对手锋芒寻找突破口

退避固守，其中包含着多层谋略，如：暂停竞争，静观变化，以等待时机掌握竞争的主动权；欲擒故纵，借以麻痹对手；避开对手的锋芒，在对手疲惫时主动出击；以退为进，寻找市场开发的最佳突破口，等等。

美国哈勒尔公司和宝洁公司的一场商战，耐人寻味。作为小企业的哈勒尔公司生产的“配方409”清洁剂，销量日增，一段时间市场占有率达清洁喷液市场的50%，作为首屈一指的日化大公司宝洁，不肯罢休，决心一争高低。哈勒尔公司得知宝洁公司选定在丹佛市对“新奇”清洁喷液进行现场试销时，便不露声色地在该市中止了一切广告和促销活动，同时不再供货。这样，商店中的“配方409”售完后，顾客自然而然购买“新奇”。宝洁公司试销效果甚好，立即投入了大批量生产，在美国各地展开推销活动。哈勒尔公司已看出宝洁公司的弱点，便抓紧时机，实施反击：①改进质量，提高“配方409”的效能；②将16盎司装和半磅装的两种规格合在一起出售，一般顾客买回后可用半年时间；③价格定为每份1.48美元，大大低于原来的零售价；④刊登大量广告，多方位进行促销。结果在短时间内，“新奇”滞销，“配方409”赢得大批顾客。宝洁公司只好自认倒霉。

托马斯是美国一位著名的皮鞋推销商。很多生产厂家，特别是东南亚制造商，都爱借他的手打开欧美市场。

有一次，托马斯到巴黎去，帮助印度尼西亚一位皮鞋制造商开辟市场。他认为这种鞋质量上乘、款式别致，在法国市场一定走俏。托马斯到巴黎后，立即去见皮鞋商奥斯卡丽有限公司的总裁密托斯郎先生。

密托斯郎城府很深，加上经商老练，在洽谈的最初阶段能杀价就杀价，在签约的时候，又把价钱杀到最低的边缘。而且到交货的时候，又第三次杀价，最后还提出要分期付款的条件。

面对密托斯郎的多次杀价，托马斯先是作一些让步，满足密托斯郎的要求，以麻痹他的意志，使他误认为托马斯是“刚上道的愣头儿青”，放松警惕。当货运至巴黎时，密托斯郎再次杀价，托马斯一反常态，勇敢地说出了“不”字，并提出按先前的契约向密托斯郎索赔。托马斯的行动获得成功，使密托斯郎最后不得不按托马斯的新报价接受这批货物。由于这种皮鞋物美价廉，很快风行法国，在欧洲市场上站稳脚跟。

### 2. 以退为进，方能赢得反击主动权

以退为进是现代企业逆向管理的重要策略，不仅可以应用在经营活动中，也可以用在商务谈判中。失小而争大，退一而进二，为了赢得主动，退有时是最有效的进。

以退为进是现代企业逆向管理的重要策略，不仅可以应用在经营活动中，也可以用在商务谈判中。失小而争大，退一而进二，为了赢得主动，退有时是最有效的进。

在谈判中先发制人、“得寸进尺”不失为一种策略，但是，这样很容易招致对方的抵触情绪，影响双方良好人际关系的建立和维持，使谈判陷入僵局。

因此，**有经验的谈判者往往采取以退为进的策略。**

商务谈判中的“以退为进”是指暂时退让使输赢未定，以便伺机而进，争取成功。游说、谈判也如同打仗一样，双方各执一词，争论激烈。有时要坚持谈下去，有时则要暂时中止，有时必须据理力争、讨价还价，有时又需暂时退却，这种“退”是为了伺机而进。尤其是在经济谈判中，双方如同将智斗力的较量，能否灵活、娴熟地运用“接拳反击，化守为攻”的战术，直接关系到谈判的成败。

退是一种表面形式。由于在形式上采取了退让，使对方能从你的退让中得到心理满足。因此，不但思想上会放松戒备，而且作为回报，或说合作，他也会满足你的某些要求。而这些要求正是你的真实目的。

谈判中，可以给自己留出让步的余地，以便在对方的讨价还价中有所

退却，满足对方的要求。

但是，不要让步太快。因为轻而易举地获得你的让步，不但不会使对方在心理上获得满足，反而会怀疑你的让步有诈。而慢慢让步不但使对手心理上得到满足，而且还能更加珍惜它。

谈判中，让对手努力争取他所能得到的东西。对对方能够得到的东西不要去拒绝他，而是要让他通过努力争取来获得。

这样做，看起来是你的一种让步，而其实你是以对方应该得到的东西来换取他在其他方面的让步。这当然是一种有益而无害的让步。

谈判中，要让对方尽可能地多发言，充分表明他的观点，说明他的问题，而你则少说为宜。

这样，对方由于暴露过多，回旋余地就小。而你很少曝光，可塑性就大。两者的处境，犹如一个站在灯光下，一个躲在暗处。他看你一团模糊，你看他一清二楚。这样你就掌握了谈判的主动权。

依据许多商务谈判者的成功经验，以退为进的商务谈判要诀有以下几点。

①留下讨价还价的余地。如果是卖主，喊价要高些；如果你是买主，出价要低些。无论哪种情况，都不能乱要价，务必在合理范围内。

②隐藏住自己的要求，让对方先开口说话，让他表明所有要求。特别是对方主动找你谈买卖，更要先稳重些。

③让对方在重要的问题上让步。己方可在较小的问题上先让步。不要让步太快，因为对方等得愈久，就愈会珍惜它。

④同等级的让步是不必要的，如果对方让你60%，你就让40%；你若让出40%，要能换取对方让60%。否则，你就不要急于提出让步。

⑤不要做无谓的让步，每次让步都要能使对方获得某些益处。当然，有时也不妨做些对自己没有任何损失的让步。

⑥如果谈判至关键时候，碰到棘手的问题，不妨暂时搁置起来，考虑一下，这也是一种让步。

⑦学会吊胃口。人们总是珍惜难于得到的东西。假如真的想让对方满意，就让对方感到要努力才能争取得到。

⑧不要掉以轻心。记住，尽管在让步的情况下，也要永远保持住全局

有利形势。

⑨假如你在做让步后想要反悔，也不要不好意思，因为那不是一种协定，还未签约，可以重新谈判。

⑩不要太快或过多地做出让步，以免对方过于坚持原来的要求。**在进行商务谈判中，你要随时注意自己方面让步的次数和程度。**

美国一家大航空公司要在纽约建立一座航空站，想要求爱迪生电力公司能以低价优惠供应电力，但遭到婉言谢绝。该公司推托说这是公共服务委员会不批准，他们爱莫能助，因此谈判陷入僵局。航空公司知道爱迪生公司自以为客户多，电力供不应求，对接纳航空公司这一新客户兴趣不浓。其实公共服务委员会并不能完全左右电力公司的业务来往，说公共服务委员会不同意低价优惠供应航空公司电力，那只是遁词。航空公司意识到再谈下去也不会有什么结果。于是，航空公司索性不谈了，同时放出风来，声称自己建发电厂更划得来，决定不依靠电力公司供电而由自己建设发电厂。电力公司听到这一消息，立刻改变了态度，主动请求公共服务委员会出面，从中说情，表示愿意给予这个新用户优惠价格，而且还考虑给予这一类的所有新用户以优惠价格。结果，不仅航空公司以优惠价格与电力公司达成协议，而且从此以后，这类大量用电的客户，都享受到相同的优待价格。

这场谈判开始阶段，主动权完全掌握在电力公司一方，他装腔作势，抬出“公共服务委员会”这个第三者干预加以拒绝。后来，航空公司耍了一个“花招”，声称自己建厂，也就是“退”了一步，并放出假信息，给电力公司施加压力。因为失去给这家公司供电的生意也就意味着损失一大笔钞票，更为严重的是还多了一个竞争对手。所以，电力公司急忙改变态度，不得不压价供电，表明愿意以优惠价格供电。这样，航空公司先退一步，然后进了两步，掌握了主动权。

在商务谈判中，暂时的退却是为将来的进攻，这是常有的事。**如果在游说、谈判过程中，“进”遇到困难的话，有时在口头上还不如表示暂退一步，从而打破僵局，争取主动**。当然，如何掌握以退为进的战术，什么时候采用以退为进的战术，还需要视对象、谈判内容和当时的情景，辩证思考，灵活运用。

在谈判活动中，双方都据理力争，互不相让。当己方面对理直气壮、论证组织严密的对手，宜静待其尽情发挥，避其锐气，自己乘机积蓄力量，寻找对方的破绽。随着对方论说的进行，往往自行暴露出一些破绽，乘势抓住，以矛陷盾，往往使对方的观点不攻自破，而我方转为主动，稳操胜券。在商务活动中经常碰到这种情形。

### 3. 忍让和退却是反击的准备

退与进是一种辩证关系，暂时的退却是为了将来的进攻。在经营中，与其眼前死抱住蝇头小利，莫若为了长远目标而放弃眼前利益，尤其是在情形不利时，更要善于退让，只有善于退让的人，才能赚到大钱。

**竞争是世界进步的动力。商场斗争更是充满竞争和进攻。**但这种进攻和斗争又不是简单和一味的，有时也需要忍让和退却，先保存自己积蓄力量等待时机。能存在，有时间就有的是机会，更何况是主动退让静等机会的有意退让，那就更有把握胜利了。

英国联合利华公司总经理 G. J. 柯尔在企业经营中，有一个基本信条，即不拘泥于体面，而以相互利益为前提。依照这个信条，他在企业经营、生意谈判交涉中常采用退让策略。在一定情况下，甘愿妥协退步，以赢得时机发展，结果虽是退了一步，反而获得了利益。

联合利华公司在非洲东海岸早设有大规模的友那蒂特非洲公司，从业人员达到 14 万人，这里有丰富的肥皂原料，并适合于栽培食用油原料落花生，是联合利华公司的一块宝地，也是公司财富的主要来源。

第二次世界大战结束后，非洲各地的独立运动如火如荼，结果，联合利华这些肥沃的落花生栽培地，一块块被非洲国家没收，公司的财富来源被切断，这就使联合利华面临着极大的危机。

这时，经验丰富的总经理柯尔亲自来到了非洲，找那些老朋友交涉。

针对当时非洲民族解放运动日益高涨的实际情况，柯尔对友那蒂特非洲公司发出了六条指令。

第一，非洲各地所有友那蒂特非洲子公司系统的首席经理人员，迅速启用非洲人。

第二，原来非洲人与白人在薪水上的差异，立即取消，采取同工同酬的办法。

第三，为了培养非洲人的干部，在尼日利亚设立经营干部培训所。

第四，应采取利益共享的政策。

第五，以寻找生存之道为主要目的。

第六，不可拘泥于体面问题，应以创造最大利益为要务。

上述六条，似乎是妥协退让、示弱于人的下策，但后来的事实证明，柯尔不仅没有受到任何损失，反而获得了极大的利益。

柯尔在与加纳政府交涉中，为了表示尊重对方的利益，主动把自己的栽培地提供给加纳政府。柯尔的主动退让，获得了加纳政府对他的好感。后来，加纳政府为了报答他，指定联合利华公司为加纳政府食用油原料的买卖代理人，这就使柯尔在加纳独占了食用油原料的买卖权利。

在与几内亚政府的交涉中，柯尔表示自行撤出公司，这种坦诚的态度使几内亚政府大受感动，因而愿意挽留柯尔的公司，希望它继续存在。

除此之外，柯尔在非洲各地都采用了退让策略，也获得了不同程度的利益。

这样一来，在20世纪中叶兴起非洲独立运动的高潮中，其他一些欧洲公司都受到过不同影响，只有联合利华公司在实质上没有受到任何影响，不仅平安地渡过了这一难关，而且还获得了一定的利益。

市场竞争中，同类产品抗衡，最容易导致企业强者胜、弱者败的结果，然而，**弱者若能巧用同中求异、以退为进的战术，便能找到生存发展的捷径。**

美国规模较小的里兰德电气公司与实力雄厚的西屋电器公司都生产汽油泵发动机，在西屋公司咄咄逼人的市场态势下，里兰德公司很快陷入困境。里兰德公司的决策者冷静地分析了“敌”我双方实力、发动机市场的现状及趋势，毅然决定放弃与“西屋”生产同一型号发动机的市场竞争，转而按用户的不同要求生产各种特殊用途的汽油泵发动机。这些发动机在结构、安装及通风装配方面各有特色，并设计了防爆用的金属硬壳，而“西屋”生产的发动机是标准和通用的，如另加防爆装置，其产品成本和价格都会高于里兰德公司的产品，并且型号单一，不能满足不同消费者的需要，这就自然让出了特殊的其他型号的发动机市场，从而使里兰德公司在同类产品的市场竞争中得以生存下来。

## 4. 想要全得到，需要先放弃

以退为进的确是商业经营管理中屈敌制胜的“撒手锏”，就连美国总统罗斯福当年攫取巴拿马运河的开凿和使用权，用的也是“欲进先退”之计。

巴拿马运河最早不是由美国开凿的。20世纪初，有一家法国公司跟哥伦比亚签订了一个合同，打算在哥伦比亚的巴拿马省境内开一条连通大西洋和太平洋的运河。

主持运河工程的总工程师就是因开凿苏伊士运河而闻名世界的法国人雷赛布，他自以为这一工程不在话下，然而巴拿马环境与苏伊士有很大的不同，工程进度很慢，公司的资金开始短缺，公司陷入了窘境。

美国早就想开一条连贯两大洋的运河。由于法国先下手与哥伦比亚签订了条约，美国在这一问题上十分懊悔。

在这种形势下，法国公司的代理人布里略访问美国，向美国政府兜售巴拿马运河公司，要价一亿美元。

美国早已对运河公司垂涎三尺，知道法国拟出售公司更是欣喜若狂。然而，美国却故作姿态，罗斯福指使美国海峡运河委员会提出一报告，证明在尼加拉瓜开运河省钱。报告指出，在尼加拉瓜开运河的全部费用不到2亿美元。在巴拿马运河的直接费用虽然只有1亿多，但另外要付出一笔收买法国公司的费用，这样，开巴拿马运河的全部支出将达2.5亿多美元。

布里略看到这个报告后大吃一惊。如果美国不开巴拿马运河，法国不是一分钱也收不回了吗？于是他马上游说，表明法国公司愿意削价，只要4000万美元就行了。通过这一方法，美国就少花了6000万美元。

罗斯福又用同一计策来压哥伦比亚政府。他指使国会通过一个法案，规定美国如果能在适当时期内同哥伦比亚政府达成协议，将选择巴拿马开运河，否则，美国将选择尼加拉瓜。

这样一来，哥伦比亚也坐不住了，驻华盛顿大使马上找美国国务卿海约翰协商，签订了一项卖国条约，同意以1000万美元的代价长期租给美国一条两岸各宽3公里的运河区，美国每年另外付金10万元。

欲进先退，罗斯福成功地运用了这种策略。最后，美国只用了很少的代价，就获取了巴拿马运河的开凿和使用权。

## 三、进退转换，抢占商机

赢利是企业经营的目的，但很少有只进不退、只盈不亏的企业。处理盈亏的关系也需要管理者从逆向思维的进退观中寻找最佳解决方案。以退可以利进，以盈可以养亏，以小亏保大盈，以短亏促长盈，从进退与盈亏的转换中抢占有利的商机。

### 1. 以亏养盈，做头脑清醒的经营者

在企业的经营中，虽然也存在“逸”与“劳”的关系，但相比之下，“盈”与“亏”的关系却显得更突出，**以赢利为目的企业经营，首先应当处理好“盈”与“亏”的关系。**

“盈”与“亏”关系到企业的盛衰存亡。搞企业的人都想盈而不想亏，但在经济运转之中盈和亏都是客观存在的。在经营项目上，既有亏的商品，也有盈的商品，在经营时间上，既有亏的阶段，也有盈的阶段。所以，一个头脑清醒的经营管理者，既不要被“盈”冲昏了头脑，忘乎所以，也不要被亏损吓得束手无策，而应该像聪明的领导者驾驭市场一样，巧妙地利用“盈”和“亏”的关系实现辩证转换。

根据成功的企业经营者提供的经验，正确处理盈亏关系的方式是“以盈养亏”和“以亏促盈”。那些对企业整体有益而单独核算却是亏损的项目，是不能取消的；那些季节性很强的生产项目，有高赢利的时期，但也有亏损时期。这些局部的“亏损”在某种程度上保证了整体的盈利，大盈从根本上补偿了小亏。一般来说，逆向管理的盈亏转换有两种类型。

第一，以先亏保后盈。比如，经营家电产品是盈利的项目，但“送货上门”“售后服务”“定点保修”“供应零配件”等项目却是服务性质的，因此势必有一定的亏损。然而，没有这些亏损性质的项目，顾客就很少上门求购，无法招徕顾客，商品就卖不出去，东西卖不出，能够盈利的项目也盈不到任何利益了。所以，这种服务性质的亏损项目不能缺少，而应该

以盈利项目来补贴和“倒挂”非盈利项目。同样，非盈利项目搞得好，招徕更多的顾客，必然扩大了盈利项目的销售数额。比如，日本企业的家电销售经营的零配件每项年亏损上亿美元，但经营这些项目却使顾客增加了，他们在购买企业“亏损”项目产品和服务的同时，也大量地买走了盈利商品，所以，从总体上算下来，反而扩大了盈利。因此，**在经营项目上要有眼光，看到盈利项目与亏损项目的辩证关系，做到以盈养亏，以亏促盈。**

第二，以短亏促长盈。季节性强的产品，定会有生产旺季和淡季，比如，冷饮厂，夏季忙，冬季闲。工厂转产，新项目上不去或接不上茬的时期，可能造成企业生产的闲暇。再就是产品积压，不得不暂时停工的时期。这种时期必然是工厂的亏损时期。生产暂时停止，但固定费用却依然支出，其结果是有支出无收入。然而，这种时期又往往是在所难免的，问题在于，怎样从生产总体上安排并处理好这一环节。一是在整个生产过程中，尽量避免这种时期的出现。二是实在无法避免的，要采用以盈养亏的方法，在盈利时期留出相应的资金以备亏损时使用，而处于亏损状态时，很好地利用时间。比如，组织职工学习新的技术以适应未来项目的要求，给职工一定的时间休息疗养，使其养精蓄锐、恢复健康以待工作繁忙时拼搏；让职工享受充分的娱乐，使他们精神愉快，在闲时好好体验生活，而在忙时则加倍努力生产。

### 2. 以静制动，以不变制万变

在复杂多变的市场竞争中，随机应变是一种选择，以不变应万变也是一种选择。无论变与不变，前提应当是符合企业的发展实际，符合市场运行规律。从逆向管理角度出发，有时“静”也能制“动”。

以逸待劳中的“逸”和“劳”是对立的统一。“逸”可以养精蓄锐，保存实力；“劳”则会减弱士气，削弱实力。但是，没有“劳”就不可能取胜，也就谈不上“逸”。这里的“待”绝不是消极坐等，守株待兔，而是运用各种灵活巧妙的办法迷惑，引诱竞争对手，牵制、调动竞争对手，使竞争对手疲惫不堪，然后再一举战胜对手，运用以逸待劳的谋略，经营者必须充分地了解情况，做到知己知彼，并能于竞争对手掌握发展的主动权，以最少的时间、精力、金钱获取可能多的物质成果。**采取守势和消耗**

**战都只是相对增强自身力量，为此，还应充分发挥主观能动性，通过减少自身运动的损耗达到增强自身实力的目的。**

欧洲有句谚语："世界上一切都处于变化中。唯一不变的事就是'变化'。"消费需求在变，市场在变，因此，产品也必须相应地变，否则，就会失去顾客，失去市场。但是，也有些企业反其道而行之，以"不变"制变，出奇制胜，令人叹服。

德国的古柏登啤酒，至今仍遵守1516年当时巴伐利亚公爵威廉四世颁布的啤酒纯酒命令，只用麦芽、酵酶、啤酒花和水四种原料制酒，不添加任何其他成分，连原料的运送也仍用马车。如此"不变"，在多变的国际啤酒市场上，反而独具风采，富有魅力。

美国可口可乐公司一直沿用1886年研制的"Tx配方"，产品风行55个国家和地区，年收入超过80亿美元。1985年，该公司试图更换配方，终因消费者反对而宣布放弃。

美国桑德思炸鸡店花巨资在电视、报刊上登广告，大肆渲染自己以11种香料调制的传统食谱，"绝不变换口味"。正是这一"不变"，使该店生意越做越兴旺，分店多达6123家，遍布世界各地。

然而，上述诸例中的"不变"绝非一成不变。古柏登啤酒厂虽按照400多年前的规定配制啤酒，但在化验、过滤、包装等环节上，都采用了最新技术。"Tx配方"虽几易其主仍无变动，但每次易主，都变换经营方式。桑德思炸鸡店的店堂设计、服务方式更是常常更新。

**变化虽是绝对的，但一个管理者的管理措施朝令夕改，一个经营者的项目盲目地追赶潮流，最终都会导致不可避免的失败。**

"静"与"动"、"逸"与"劳"，是逆向管理经营中的两个既矛盾又统一的概念，运用得当，便能以静制动，大获全胜。

# 第九章

## 以虚致实，因败图成

### ——以虚掩实亦假亦真的竞争智慧

在今天，任何一家企业的经营者都必须具备竞争意识。竞争产生了强者，强者更深化了竞争。就企业的成功范例来看，成功的经营者都具有逆向思维的能力。企业在市场生存，存在着经济实力的差距。然而，运用逆向管理方法，经济实力弱者未必会失败，那些实力雄厚者也未必一定能胜利。人财物仅仅是生产经营的条件，管理和经营得法与否才是经济活动的灵魂。经营得法，管理科学，就可以以弱胜强。

在商战中，以虚致实，就是企业经营者利用逆向思维，无中生有，从而吸引了消费者的注意力，在竞争中占有了先机。

## 一、实者虚之，以智斗力

企业经营是一个斗智斗力的过程。打破人们常见的、习惯的思维定式，从意想不到的方向开拓市场是逆向管理中最基本的创新手段之一。以虚掩实，亦假亦真，就是竞争的智慧。

### 1. 以智斗力，不示强而示弱

在不违反法律和职业道德的前提下，只要能够顺利实现竞争目标，竞争手段可以说是多种多样的。在构想竞争手段的时候，便应该充分利用逆向思维的一些原则和方法，以达到出奇制胜的目的。比如，利用人们的思维定式原理，有意给对手造成某种思维定式，然后再突然打破这种定势，进行出其不意的进攻。

劲敌当前，不能不抗，但也不能硬拼。如果硬拼，是胜是败没有绝对把握，应该首选斗智而不斗力。斗智并不放弃斗力，而力的搏斗，要放在最后。等到用力搏斗时，已是抵抗的结局，胜算已有十分把握，才出此最后的一击。不然，不要轻易用斗力的方式。

**与强劲对手在竞争中斗智的根本要诀，在于使对方懈怠，不要示强，而要示弱**。示弱要有步骤，逐步表现衰弱的迹象，使其信以为真，自然发生轻视的心理。轻视的心理的外表化，就是懈怠对示弱者的注意力，对方注意力的懈怠，这种精神的胜利。

美国一家上市公司，股权分营在两大利益集团中，在野派与当局派为竞争管理行政权，从拉拢股权入手。开始登记股权后，在野派活动甚力，所拉拢的股权超过当局派。他们有人严密注意双方股权的比例，只见当局派的股权每次登记数目逐渐降低，显见不支。在野派并预算其余股东远在他省，不易拉拢，自信已操胜券，对于当局派的注意力，因此懈怠。谁知当局派早已有人在他省拉拢股权，把拉拢到的股权，暂时藏起，不办登记手续，直到登记限期届满的一时刻，全数携往登记，在野派时间已满，绝无再事挣扎余地。这一个致命打击，在野派简直无法招架，遂告失败。细察当局派的斗智经过，就是实者虚之以智斗力的结果。

随着市场经济的到来，商品广告充斥于新闻媒体，画面多得让人反感。虽然那些电视不时地打断我们观看电视剧的雅兴，但我们上街买东西时，总是禁不住想买广告上介绍的那种产品。因为在我们的潜意识中，做广告的商品是好商品。

### 2. 不拘常规，广告中不妨“故弄玄虚”

广告的一个最大特点就是将自己产品的优越性明明白白地告之公众。**但经营者常常不拘常规，“故弄玄虚”的广告常常出奇制胜，具有勾人心魄的魅力。**

“故弄玄虚”主要是通过设置悬念，提出疑问，让人深感困惑，如坠云里雾里。商家由此牵着顾客鼻子走，最终达到促销的目的。

美国有一家造纸厂的广告，其设置疑惑的技巧更高，较“?”广告更有吸引力。

“阿道夫·凯茨之所以能重登歌坛，再展风采，是因为他妻子买了件漂亮的睡衣作为生日礼物。”

歌唱家与睡衣怎么能扯在一起？两者之间究竟有什么关系？这则广告着实令人纳闷，不知所云。

当公众的胃口吊起来后，造纸厂打出广告的下文。读了下文，公众才知道：原来，某服装公司出售过一批高级女睡衣，将大部分利润捐给这家造纸厂的研究中心，从而使该中心研究开发出人造声带，这样一度失声的歌唱家因此重返歌坛。

这则广告拐一个大弯，牵着公众绕了一圈，达到一箭双雕的目的，既为造纸厂的人造声带作了宣传，又为服装公司树立了良好的社会形象。

泰国一酒家的广告更是高人一筹。

该酒家在其门前摆一个大酒缸，与这个酒缸一般高的人踮着脚才能看得见里面。令人奇怪的是，这个造型别致的酒缸上有四个字：

“不许偷看！”

酒缸四周无遮无掩，经过此店的人都禁不住好奇心，踮足引颈探看。这一看不打紧，一股少有的醉人的酒香扑鼻而来。酒缸内壁上书有：

“我店有与众不同、清醇芳香的生啤酒，一杯五元，请君享用。”

这醉人的清香，这诱人的字眼，使探看酒缸的人都不由自主地掏出五元钱尝试这种啤酒。

这个小小的酒店因这则广告而闻名全国，该酒店的酒因此在公众中树立起极强烈的印象。去“新马泰”观光的大多数游客都曾想一睹这个酒店。

**“故弄玄虚”绝不是脱离实际的凭空捏造，它是情理之中，想象之外的生活经验的组合。**“故弄玄虚”是一种非常规的广告谋略，当这种谋略变成广告时，切不可给公众矫揉造作之感。

“故弄玄虚”之广告谋略有两个关键。

其一，能从平凡的经验中，通过联想，加工出具有出奇、新颖的意义。

其二，用文字或图画、物体在公众心中树立别无二致的形象。“奇”为吸引公众之心而生，不可为“奇”而“奇”，不可生硬造作，应为树立鲜明形象而设，不能“玄”到与广告本意风马牛不相及。

### 3. 虚者实之，以美遮丑保藏商业秘密

任何企业都有自己的商业机密，都不可能把一切明白无误地向竞争对于袒露。当竞争进入白热化、双方势均力敌时，从逆向思维出发，以实掩虚，以美遮丑，不失为争取主动，取得优势的经营选择。

知彼知己，百战百胜，这是商战中的真理。但是竞争双方都能知彼知己，那就百战不能百胜了。**所以你必须要知己，同时希望对方偏不知己，你必须知彼，同时希望彼不能知你。**知与不知，权不在你，希望彼不能知你，这种权力却在你自己，在彼当然极想知你，在你应该极力使彼无由知你，要使彼无由知你，必须把你的真情掩蔽过，表现于外的，是一种假象。这种假象，要让对方看来，深信是其真相，这当然着力于烟幕功夫，一望而知是烟幕，这种烟幕便失去作用。如何使用烟幕？全是技巧问题，技巧不高明，弄巧反而成拙。自己的真相，完全显露，对方向你弱点进攻，则必败无疑。你有弱点，对方已向你弱点进攻，不问进攻的力量，对你总是不利。为今之计，只有把弱点装成优点的假象，使对方以为自己认识错误，中止进攻，才能转危为安。这种策略，在逆向管理中叫作“虚者

实之”。

这虚者实之的战术，经常可以应用到经营管理上来。这种掩蔽弱点的技术，时常可奏奇功。当然自己总要有相当实力，估量你所有实力，足以取信于人，才足以实其虚，而成为不会窥破的假象，不待劝而对方的进攻自然中止。对方的中止进攻，不是体谅你，而是为他自己打算。你明白了这点人情，方可谈虚者实之的战术。

19世纪，美国亚特兰大市一位名叫约翰·S. 派姆伯乐的庸医花了长达20年时间，谎称研制出一种对治疗阳痿、妇科痛、头痛等症有奇特疗效的药方。其实，他的这副“灵丹妙药”是由99%的糖水和一些可可原汁、可卡因及少量的红葡萄酒混合而成。后来地方禁酒，派姆伯乐才没有再搀红葡萄酒进“药方”。不久，他高价出售这一配方。而买这一配方的人和他的同伴赚钱的招数更高，他们先把配方神秘地藏了起来，然后苦心编造一个神话：有人研制出一个奇特的秘方，后将这一秘方放入保险柜中又藏于一个秘密的地方，世界上只有两名化学家知道此事及保险柜的密码。这就是后来风靡全球的正宗可口可乐的配方。这个神话不仅使可口可乐神奇般畅销美国，而且居然至今盛传不衰。1985年4月23日，可口可乐公司决策层做出修改配方的决定。然而，这一决定出台竟在美国上下掀起了轩然大波。许多人气愤地说：“修改可口可乐配方，就像上帝将草变成绿色一样令人难以置信。”有许多人绝望地质问：“你们想篡改《圣经》吗?”其神话的力量可见一斑。

1985年5月，31岁的卡恩白手起家创立了波朗公司。这位软件行业中的法国狂人，在短短的四年内就使波朗公司跨入世界一流的微电脑技术软件公司之列。

波朗公司创立后，卡恩决定开办邮购业务。当时，在一本计算机杂志登一页广告要花2000美元。他没有钱，经过一番苦思冥想，最后决定运用“无中生有”的经营谋略，与广告商讨价还价，最后用赊款的方式做了一次广告。

卡恩邀请一家一流杂志的广告代理人来波朗公司，事先请了一些朋友扮成秘书或从外面打来电话，使人感到他的业务相当繁忙。墙上也挂着不断跳动的图表，上面是一些主要广告杂志的名称，还记着有关如何吸引新闻界的一项重要策略，部分数据被遮盖住。

当广告代理人来到公司时，卡恩拿起“及时”打进来的电话，大声嚷嚷：“2000 美元太贵了，我可用这笔钱到其他更有名气的杂志，做更好的广告。”这一子虚乌有的电话，言外之意在于告诉来人，2000 美元的广告他是不会做的。接着他又被叫到另一间房去，接东京来的电话。他从门缝里看见那位代理人正费劲地研究那张假图表。

当他重新回来时，广告代理人迫切地说：“我们可以给你优惠。”卡恩说这本来就应该优惠，所以仍然不干。经过再三的讨价还价，最后广告代理人完全同意用赊款方式为卡恩的产品做一次广告。就这样，卡恩的第一次广告顺利做成了。不久，订货单源源不断地涌入公司，大大超过了广告费和其他费用。从那时起，公司不断发展壮大，利润迅速增加。

### 4. 示假隐真，创造商场奇迹

在竞争日趋激烈的商战中，情报信息对竞争各方的作用越来越突出，间谍战已从军事领域扩展到经济领域中。而竞争各方为了掩盖自己的真实意图，常以示假隐真来对付无孔不入的窃密者。

示假隐真，这是一种以假象欺骗对手，掩盖自己真实面目和意图，以达到出其不意战胜竞争对方的谋略。

**示假隐真可以弥补实力的不足，扭转被动局面，甚至可以创造商场奇迹。**因此，很多逆向管理者，都很重视这一谋略。

美国环球航空公司就是运用示假隐真的谋略，用假的情报、数据来迷惑对方的间谍，从而避开了对手的注意，为自己赢得发展壮大的时间，最后一举将太平洋公司击败。

20 世纪末，美国航运市场竞争激烈，各航空公司纷纷使出浑身解数。其中美国环球航空公司不断改进质量，开展优质服务，如电话订票，为行动不便人员优惠 40% 使用最舒服的客机。因此，该公司声誉日隆，深受顾客的欢迎。

这引起了竞争对手太平洋航空公司的关注和嫉妒。于是，太平洋航空公司派出间谍帕克前往环球公司刺探情报。

帕克乔装成乘客前往环球公司进行情报搜集活动。环球公司每周都公布国内游客搭乘人员数字，并显示在候机楼的大厅里。这当然是帕克感兴趣的情报数据。

经过一段时间的侦察，帕克并未发现有什么异常问题。因为，近两年来环球航空公司的生意比较平稳，以最近一个月为例，每一周乘客为 1 万人，第二周为 1.1 万人，第三周为 0.9 万人，第四周为 1.2 万人。

帕克的情报，令太平洋航空公司吃了一颗定心丸。它觉得这个后起的竞争对手在近期内不会构成威胁，那些所谓“优质服务”不过是一些好看而不实用的噱头而已。

两年后，环球航空公司突然显示出每周乘客人数达 3 万左右，太平洋航空公司得到帕克的报告后，大为吃惊，立即召开董事会，紧急商讨对策。

经过激烈的争议，董事会终于做出决定，该公司所有机票降价 10%。谁知，决定宣布后的第二天，环球航空公司宣布减价 15%。

太平洋航空公司气得七窍生烟，这明明是要抢自己的乘客嘛。于是又宣布降价 25%。对方也毫不示弱，立即宣布降价 35%，并宣布任何旅客订环球航空公司的机票的电话费一律由该公司支付。

几经折腾，太平洋航空公司在这场价格大战中大伤元气，可在这种优胜劣汰的竞争中已没有第二条路可选择。它只好硬着头皮与对手血战到底，于是也宣布同样的决定。

一年后，太平洋航空公司终因飞机陈旧、安全系数小、服务质量不如对手，加上经济实力较弱等原因，无力再支撑下去，宣布破产倒闭。

其实，环球航空公司两年中提供的数据全是假的，明明每周乘客人数大约 2 万多，却显示 1 万左右。在两年中环球航空公司避免了竞争对手的注意悄悄积蓄实力。两年后，它羽毛丰满，实力雄厚，已有能力面对对手，并可将其拖垮，于是突然显示乘客人数已达 3 万人，以此来引蛇出洞。果不出所料，太平洋公司见到情报后，被迫“应战”。其实，此时的环球公司显强与先前的“示弱”一样，都是为了迷惑对方，都是“示假”而“隐真”。巧布情报迷魂阵，用假情报诱使对手上当受骗，从而从容地将对手击垮。

## 二、避实击虚，曲径通“财”

“实”是指战力充沛的状态，“虚”是指战力的空虚薄弱。避实击虚就是在对方精力旺盛的时候，以逸待劳，尽力避免与之正面交锋，但是当对方力量削弱时，要把握时机，迅速出击，一击中的。

### 1. 避实击虚，避免正面交锋

避实击虚常作为政治与军事上的谋略。其思想是避开攻击正旺的风头，寻找对手力量薄弱的地方，伺机出击。正所谓“水之形，避高而趋下，兵之形，避实而击虚”。**关键是要视敌人的实力强弱采取行动，避免作不必要的牺牲**。那些不顾自身实力而强行应战，无视对方实力强大而勉强进攻的人，或者采取同归于尽式战法的人，其实愚笨至极。

避实击虚策略，正如兵书所说：“兵云所加，如以石段投卵者，虚实是也。”**经营所向，也要如石头打鸡蛋一样，避实就虚，运用适宜**。要探市场面的缝隙和边缘，未来的技术和销势，竞争的状况和售价水平。市场机遇就虚，产品按次就稀，工艺技术就新，销售价就廉。不凑热闹，不随波逐浪。这一决策之妙，在于辨其利害，避害趋利，人无我有，人有我好。香港企业家吕辛正是凭借避实击虚这一策略而走上致富道路的。

吕辛，祖籍福建厦门，1929 年出生。他父亲经营仓库业务，虽然不是大商家，但亦有一定的资本。吕辛共有四兄弟，他排最小。1949 年，吕辛随二哥和三哥来中国香港做生意。开始之初，由于人生地不熟，加上经验不足，生意一直平平。从 1957 年起，吕辛总结了以往的经验教训，采取了避实就虚的经营策略，使得经营节节胜利。

吕辛的避实击虚策略，是从市场差别开始的。他知道香港市场极其有限，成为制约发展的主要因素。为了避开香港这个竞争激烈的实际情况，于 1957 年，他把从缅甸购进的红豆与黑豆转运到日本销售。日本是个有上亿人口的大市场，加上当时尚未有竞争者觉察这个潜在市场。因此，吕辛一炮打响，当年就转售了数万吨，赚了大笔的钱，使他的公司成为香港的十大贸易公司之一。随着对日本转口贸易成功后，吕辛接着对东南亚诸国也开展了避实击虚的转口贸易，主要从商品和市场隔区上避开竞争激烈的，寻找相对不激烈的为目标，都取得了预期的效果，使其财富与日俱增。

吕辛兄弟赚了大钱后，伺机开展多元化经营，在日本等地购入仓库，以配合其转口贸易业务。同时，为了避免政治风险，把投资分散。进入20世纪70年代，他投资主方向在新加坡和日本；20世纪80年代初又在印尼爪哇投资，控购一上市企业；1986年，他看到香港将会继续走向繁荣和稳定局面，又投资2亿港元在湾仔购入物业；近年来，吕氏又在福建泉州投资数千万元兴办多间时装及毛衣加工厂，员工有数千人，产品远销日本和美国等。

### 2. 旁敲侧击，获得迂回前进之效

非往壁上撞而不回头，虽说勇气可嘉，但结果只能是头破血流。与强手竞争，正面进攻犹如撞壁，力虽大，但往往会适得其反。**殊不知，曲径亦可通幽，旁敲侧击，山穷水尽也会变成柳暗花明。**

旁敲侧击作为企业竞争中的一种谋略，往往能达到迂回前进的效果。尤其在市场经济发达的时代，各种行业和部门日益增多，这种谋略更会顺理成章地追随流行趋势。

市场竞争免不了唇枪舌剑，狠戳对方的痛处。旁敲侧击的妙处在于迂回曲折、含沙射影、机智地策动传播，巧用各种传播手段，使自己在商业竞争中不战而屈人之兵。

从厨房里闯出来的美国面包大王凯瑟琳·克拉克，声称她自己的面包是“最新鲜的食品”，为了取信于消费者，她在包装上特别注明了烘制日期，保证绝不卖存放超过3天的面包。

起初，这规定给她带来巨大的麻烦。因为一种新产品上市，销路不可能马上好起来。存货一多，要严格执行“不超过3天”的规定就相当困难了。尤其是各经销店大都怕麻烦，虽然过期面包由凯瑟琳回收，但他们不愿天天检查，换来调去，而宁愿把过期的面包留在店里卖。许多人还抱怨凯瑟琳未免太认真，一个面包放3天也坏不了，为什么非要3天换一次

不可?

凯瑟琳认为，吃的东西，新鲜度是项重要的条件。只要在消费者心目中树立起良好信誉，自己的面包就会不同于别人的面包，就成功了一半。

针对经销商方面的问题，凯瑟琳实行了一套新办法。由公司派人把烤好的面包用车直接送给经销商，按地区排了一个循环表，每3天送一次，同时把经销店没卖完的面包收回。如果有的店不到三天就把存货卖完了，可以随时用电话通知，马上就送货上门。

这样的方法，麻烦了自己，方便了经销商，但却使自己的原则“超过三天不卖”得以坚持实行，保证了上市面包的新鲜。并以此严格要求自己的职工，命运终于赐给她一次戏剧性的宣传机会。

一年秋天，一场大洪水导致了面包的紧缺。凯瑟琳公司的外勤人员由于没有接到特别的指示，照常按循环表出外到各经销店送刚烘制出来的新鲜面包和回收超过期限的面包。

一天，运货员乘车从几家偏僻商店回收了一批过期面包。返程途中，停在人口稠密区的一家经销店前，立刻被一群抢购面包者围住了，提出要购买车上的面包。

运货员解释面包是过期的，不能卖给大家，反而被误解为想囤积居奇，人越围越多，几个记者也加入其中。

运货员被逼得无奈，只得解释道：“各位先生、女士，请相信我，我绝不是想囤货投机而不肯卖，实在是我们规定得太严了。车上面包全是过期的，如果老板知道我把过了期的面包卖给顾客，我就会被开除。因此请你们原谅。”

由于大家迫切需要面包，这车面包最后还是被“强买”一空。

几位新闻记者将获得的这一独家新闻，着力渲染，登在报上，成了轰动一时的新闻。凯瑟琳公司的面包新鲜，诚实无欺，给消费者留下无比深刻的印象。

在上述的面包风波里，宏观地看，凯瑟琳指责运货员违反规定，卖过期面包给顾客，实际是“骂”其他面包商的面包不新鲜。这就是巧使“旁敲侧击”妙计，树立起自己面包最新鲜的良好形象。对经常上当受骗的消费者来说，自然具有巨大的吸引力。

正因为这一点，凯瑟琳只用了短短十几年工夫，就把一个家庭式的小面包店完全变为现代化大企业，每年的营业额从2万多美元猛增到400万美元，跻身于世界经济强人之林。

## 三、以患为利，以弱抑强

弱与强，是企业发展中普遍存在的矛盾。任何一个企业，都有可能在某时某地陷于危机之中，处于弱势之境。要想摆脱不利地位，就必须逆向思维想办法，善于创造条件，化不利为有利，变劣势为优势。

### 1. 改变经营思维就可以变患为利

从许多经营案例中都不难看出，患与利、弱与强都是相对的；在一定条件下，患可以转化为利，弱可以转化为强。其中的关键在于企业领导者具有辩证的头脑，善于在患中发现转机，善于看到强大对手的弱点，尔后抓住时机，集中优势，以我之强击竞争对手之弱，以我之利胜竞争对手之患，从而由局部到全局，逐步摆脱不利地位，战胜强敌。在商战中，企业也常常会面临不利条件和强大的竞争对手，因此**企业经营者要掌握以患为利，以弱制强的谋略思想，善于化不利为有利，以较弱的实力战胜实力较强的竞争对手。**

市场竞争中的谋略有以下几种。

其一是算，即身处逆境，面临强劲的竞争对手时要沉着冷静，仔细谋算，绝不可被困难和强敌吓昏头，坐以待毙或莽撞蛮干。

其二是奇，即出奇兵，化患为利，以弱胜强。用少数兵力攻打众多的敌人，使用奇兵是最有利的。商战中化患为利，以弱制强亦同此理。

其三是专，即集中力量，突出重点。企业要在市场上要击败强大的竞争对手，不可能于短时间内在各方面都超过对手，必须认真分析主客观情况，抓住关键，集中力量重点出击，在某一局部形成自己的优势，以此击垮对手，赢得胜利。开发出具有特色的重点产品，并投入市场后很快打开销路，企业迅速发展。由于目标单一明确，力量集中，其产品形成了拳头，企业壮大起来，很快能实现了小鱼吃大鱼，以弱胜强的目的。

## 2. 败中取胜，在危机中捕捉新商机

不经过失败就不可能成功，风雨过后方见彩虹。逆向管理中的窥成商机，败中取胜，就是企业在市场竞争中善于窥见掺杂于失败中的成功因素，从危机中窥见新的商机。

1988年4月27日，美国一架波音737飞机从檀香山起飞不久便发生事故，部件爆炸，机舱地板严重变形。然而驾驶员还是把飞机降落到附近机场，机上除一名空姐在爆炸时从前舱顶盖掀起的大洞中被抛出而殉职外，其余人员及乘客无一伤亡。对于这次本来会影响声誉的空中事故，波音公司不是默不作声，等待评判，而是抓住这次事故，大作正面文章。他们在事故调查答辩词中这样解释：这次事故主要是因为飞机太旧，金属疲劳所致。这架飞机已飞了20年，起落9万多次，大大超过了保险系数。然而飞机在空中出事故后，仍然平安生还，这也说明本公司的飞机是过得硬的。通过宣传，波音公司形象不仅未受到损害，反而声誉更高，并赢得了更广泛的市场。订货猛增，单5月份一个月的订货额就达70亿美元。

而充分利用危机，更是逆向思维的绝佳创想。日本一家"吃光"餐馆的老板叫田山六郎，竞选议员失败后，他决心弃政从商，开始经营起这家餐馆。谁知开业不久，几百名员工就举行罢工，要求老板加薪，否则跳槽。从餐馆的经营前途考虑，山田六郎答应了员工要求，给他们一律加薪三成。

罢工解决后，餐馆的生意一天天好起来。山田六郎从中总结出：餐馆的经营采取高薪政策很重要。他说："人事费用节省的低薪政策总是留不住人。人事更动越多，反而更浪费。把员工薪水提高看起来是增加了费用，但员工干得越久，就越会替餐馆着想，因而从整个餐馆的前程来看，加薪后更合算得多。"

加薪后的员工果然干劲十足，在田山六郎出色的管理下，生意日渐繁荣。为了扩大"吃光"餐馆的影响和知名度，山田六郎开始潜心琢磨有什么良策。由于员工罢工，新闻单位曾将"吃光"餐馆曝光于公众，山田六郎就想："我们完全可以反过来利用这次罢工为餐馆知名度做宣传。"

于是，他在餐馆的进门处、餐桌旁、吧台前等显眼处挂满了条幅，上

写“欢迎罢工”“我们欢迎攻击”等字样。

这种令顾客啼笑皆非、莫名其妙的举动很快传了出去，电台、电视、杂志竞相予以报道和登载，立即成为大阪市一大新闻。就这样，相当于为山田六郎的“吃光”餐馆免费做了好几天的广告。

此后不久，山田六郎又做了个别开生面的“广告”。他租用了十多头牛，给牛穿着写有店名的红红绿绿的衣服，牛背上载满洋葱、青椒、番茄、马铃薯、鸡、鸭、生鱼、海藻等各种各样的菜，由自己亲自带头，牵着牛，在大阪街头招摇过市。此举吸引了成千上万的市民和行人驻足观看，新闻机构再次将“吃光”餐馆这种新奇而热闹的宣传方式炒得沸沸扬扬。

据报社统计，这两次免费为“吃光”餐馆刊登的文章字数，如果以广告费计算，山田六郎非得付上1000万日元不可！这种出乎意料的宣传方式为“吃光”餐馆带来了非常可观的经济效益。到第四年时，山田六郎的“吃光”餐馆已跃居大阪市第一餐馆的地位，年销售金额达到18亿日元。

不景气的市场使一些经营者放弃了某一部分经营。是否要随大流地跟着放弃呢？这时最需要的是多观察、多思考，换个角度看一看，拾起大伙放弃的，挺身而出地改善它。

首先，要重新审视你的产品和服务。要考虑重新设计产品，改良产品的式样、特色、包装、品牌，以新的面貌出现在消费者的面前，要努力降低产品的成本，以更便宜的价格出现在消费者的面前，要努力提高产品的品质，更好地满足消费者的要求；要进一步改善服务方式，提高服务质量。这样，企业管理者就可能冲破不景气的经济束缚。

其次，要实行产品简化，向产品组合的深度发展，占领同类产品的市场，迎合更广泛的消费者的不同需求和爱好。这样，就可以赢得新的发展机会。

最后，要实行产品多样化，向产品组合的广度发展，占领更加广阔的市场，逐步驱散不景气的阴影。这样，既可以在更大的市场领域发挥作用，而且还分散了投资的风险，增加了经营的稳定性。

**命运要靠自己把握，机会是寻找来的。善经营者能够在不景气的市场中看到景气，寻找创新的机会，寻找发财的机会。**

一个公司的生命力在于不断创新。市场不景气必然淘汰一些旧的经营项目，同时，市场不景气又为新的经营项目提供了机会。洗衣机市场竞争十分激烈，而某些名牌产品始终能够不受市场不景气的影响而成为热门货，秘诀就在于创新，靠产品的更新换代消除不景气的影响。国际地毯市场竞争激烈，销售呆滞，各国的销售商们惶惶不安。一个精明的地毯商将扁平的指南针嵌入祈祷地毯，使指南针总是指向麦加，迎合了虔诚的穆斯林每日祈祷的需要：不管走到哪里，只要把地毯一铺，就能马上找到麦加的方向。这一经营上的创新使这个地毯商找到发财机会，在阿拉伯地区大捞一把。

**从失败中窥见成功的因素，既可增强信心，鼓舞斗志；又可以此为新的起点，走向成功。**

美国发明家爱迪生研制蓄电池一直失败，干到第 2.5 万次时才获得成功，却自负地说：“不，不，没失败，我发现了蓄电池不能工作的两万四千九百九十九种原因”。由此可见，失败也是一种成功。说得形象一点，在失败的母腹里，孕育着成功的新生儿。善于窥见掺杂于失败中的成功因素，才有希望反败为胜。日本坚尾四兄弟在创业时，试制的计算机屡遭失败，耗尽财资，濒于破产。这时，独具慧眼的内田洋行，派代表登门要求合作。坚尾兄弟很不理解，直率地反问：“你们难道不知道我们失败了吗?”对方满怀信心地说：“这一切我们都很清楚。我相信你们只是运气不好，并非你们制作的计算机不优良。”一席话使坚尾兄弟顿开茅塞，与人联手奋斗，终于获得成功。企业在其经营中，要善于静观市场的变化，详加分析，抓住潜在需求，瞄准市场的“空白点”，要乘隙制人，就应弄清市场绽隙之缘，摸清其规律，把握市场变动方向。失败后窥见成功的因素，实际上是从正的方面，弄清导致失败的原因与走向成功的起点，从而尽力抛弃消极因素和发扬积极因素，构成有利于反败为胜的新势态。

扬弃的方式有二：一是逼进式——爱迪生研制蓄电池过程中的每一次失败，都可视为一次扬弃，即扬弃了 24999 次，才逼近成功；二是突进式——美国实业家威廉·利尔，以“不要离题太远”自铭，善于在错综复杂的市场竞争中，抓住关键问题进行扬弃，闯入成功的殿堂。不论何种方式的扬弃，都有一个或长或短的发展过程，企业家要善于因势利导，最终会取得成功。

### 3. 因败而成，逆境奋起变弱为强

经营企业，挫折与失败总是不可避免的。市场不是专为某个企业安排的，消费者也不会按经营者的个人意志行事的。只有善待失败，逆向经营，就能变弱为强，化败为胜。

**任何管理者，只要能够正确看待和利用失败与逆境，就有助于成功。**古往今来，多少伟人和名人，历经磨难，都曾陷入逆境，但他们正是从失败和逆境中奋起，将失败和逆境变成了成功机制。平民百姓也一样，他们可以没有伟人成功的惊天动地，也没有名人成功的流芳千古，但他们在默默地从事自己的事业，其中的一个重要方式，就是在逆境和失败中崛起，将它们化作成功的动力。成功者往往拥有更多的失败的经验。成功者与失败者的最大区别是，前者珍惜失败的经验，从失败中吸取宝贵的教训。百折不挠，锲而不舍，终于反败为胜。后者一旦遭受失败打击，即坠落在痛苦的深渊中不能自拔，自怨自艾，直到自我毁灭。

成败乃是经营常事，善管理者往往能够从失败走向胜利。

世上没有百战百胜的企业领导，但是善于管理的企业家往往能够从失败中发现胜利的契机。在企业发展史上不乏志得意满的胜利者被失败者战胜的例子。因此，**“因败而成”策略也是逆向管理策略的一种具体应用。**

市场毕竟有别于战场，企业经营者无论多么精明能干，他处于群雄并起、变化莫测、胜败难卜的竞争环境中，在他面临的情况中，仍然会有极多数是不可能做成的。他应当根据可能出现的失败或不利形势，做出周密的计划和安排，可进则进，该退则退，以避免盲目竞争造成元气大伤。

在企业经营管理中，企业经营者面对企业已出现的失误或危机，要有不畏失败、勇于从失败中奋起的精神，要看到失误的有利的一面，力争变被动为主动。事物并非每一次失误都能因败而成，但是坏事往往有可以变好的一面。

对于一个企业来说，一种新产品的研制，一种新工艺的创新，伴随着的总有无数次的失败。企业经营者要鼓励从事这些工作的人员，从失败中总结经验教训，走向成功。因为在失败的母腹里，孕育着成功的新生儿。

从失败中窥见成功的因素，既可增强信心，鼓舞斗志，又可以找到新的起点，走向成功。**企业经营者要善于窥见掺杂于失败中的成功因素，才有希望反败为胜。**

这一谋略的应用是有条件的，因为它不但取决于企业家本人的才识，更取决于市场的需要如何。一句话，是否能够因败而成，关键在于企业家是否知己知彼。

当危机降临时，往往形成巨大压力，要摆脱危机，消极躲避是避不开的，以硬碰硬，则会被击垮。这时就需要巧以应付，要采取措施，把危机所形成对我不利的态势巧妙转换并为我所用，形成借势反弹，不仅扭转危局，而且可反败为胜。

商场如战场，企业要树立起忧患意识，不仅可以防微杜渐，减少危机爆发率，而且可以在真正的危机到来之时，运用“借势反弹”谋略，娴熟地运用公共关系技巧处理各种问题，使公司转危为安，免受破产之虞。

英国航空公司曾遇到这样一件事：一次一架由伦敦经纽约、华盛顿飞往迈阿密的英航班，因机械故障被迫降落在纽约后被禁飞。乘客对此极为不满，对英国航空公司怨声载道。该公司立即调度班机，将63名旅客送往目的地。当旅客下机时，英航职员向他们呈递上言辞诚恳的致歉信，并为他们办理退款手续，63名乘客免费搭乘了此班飞机。此举异常高明，尽管英航损失了一大笔钱，但起了力挽狂澜之功效，大大消减了乘客的不满情绪。英航的这一反弹术被人们广为流传，使英航声誉不仅未受损，反而大大提高，乘客源源不断。

时下，商品跌价与商场倒闭势不可挡，大部分生产企业对市场萧条叫苦不迭，各行业普遍生产能力过剩，“买方市场”与“微利时代”成了经济学家的口头禅，企业生存遭遇了前所未有的挑战。应该说市场疲软是坏事，但坏事也会变成好事，企业也能在不利的大背景下确立自己的相对优势。市场疲软搞得大家都唉声叹气，但如果反其道而行之，考虑能否在绝对数字下降时扩大相对的市场份额。下大力气研究市场、开发市场，等市场恢复后，市场就是你的，而不是人家的。**市场疲软实际上正是企业大练内功的绝好时机。**因为这时候，人员和时间都相对富裕，市场景气时根本没有时间、没有精力做的工作现在终于有机会做了，可以抓职工培训、机器检修、合理化建议、降低成本和深层次开发市场等诸多问题。

对企业而言，市场面前人人平等，但市场疲软确是检验企业生存能力的试金石，此时可以检验出企业是否具有相对优势，是否有长远打算？市场疲软的确没有什么值得哀叹的，因为你日子难过，你的竞争对手也是如此。

**企业家面对危机，要充分利用危机感，去鼓励员工的士气，成败功过的转化是可能实现的。**

## 4. 快慢各有道，化劣势为优势

企业快进或慢入市场要因时因地因人因企业而定，不能僵化地照搬机械地采用某种模式。这关系到企业的前途和命运，因为正确的战略决策不可能脱离本企业的实际来进行。

从美国多数企业的经营实践看，企业的经营战略虽有多种表现形式，但归结起来主要可分为攻势经营——快速进入市场，守势经营——缓慢进入市场和退却经营——收缩市场三种战略形式。**一个企业最终选择哪一种战略形式，需依据自身实力等情况来确定。**

当今闻名全球的可口可乐公司销售的可口可乐，约占全世界所有碳酸饮料消费量的47%。该公司根据自己“全球第一饮料”的实力，采取攻势经营的战略形式——不惜一切代价快速占领世界市场。

可口可乐公司在国外驾轻就熟地利用在美国很奏效的那些占领市场的战略。为了表明可口可乐的无处不在，它是运动场上的主要饮料：意大利足球俱乐部比赛场和西班牙斗牛场上有它的红白标志，澳大利亚的骆驼比赛和新西兰的剪羊毛比赛场也有它的大型标志牌，在巴黎数千家小食品店的屋顶上也悬挂着5米长的充气的可口可乐商标，等等。

可口可乐公司在中国用了十五年的时间和数百万美元，终于在中国的市场上开始盈利，显示了它要占领全球市场的耐心和决心。

针对不同的国家，可口可乐公司对产品定位做了必要的调整。在西班牙，它主要作为一种混合物，甚至可以掺酒饮用；在意大利，它作为餐桌上的主要饮料出现，正在取代牛奶、咖啡；在中国，它是一种时髦品，为越来越多的青年人所青睐；在印度尼西亚，可口可乐公司所做的第一件事，就是使印度尼西亚人习惯于碳酸饮料的味觉。

雄心勃勃的攻势经营战略，使可口可乐公司获得了巨大的成功。

**在现代企业竞争中，弱小的或处于劣势的企业常常采取守势经营的战略，**并不盲目地急于把产品推向市场，而是待机而动，随时把握有利时机，积极主动出击，化劣势为一个个小的方面的优势，并把各个方面小的优势积累起来，转化为胜势。

1954年，只有470美元的注册资金的“约翰逊制造公司”正式成立开业。它实际上只有一间工棚、一部搅拌机、一个帮工和曾在富勒公司当过推销员的乔治·约翰逊本人。它生产的产品是当时美国最大的生产黑人化妆品企业——富勒公司的部分产品的翻版。由于没有名气，销量很小，积压了本来就很有限的资金。在刚开张的几个月里，日子很不好过，富勒公司知道它的情况后也根本没把它当回事。

约翰逊深知，如不尽快改变公司没有主导产品的处境，公司就不会有什么希望。他果断决定停止生产那些与富勒公司相同的产品，集中财力、物力潜心研究出了一种可以改善黑人皮肤质感的水粉护肤霜。

一件产品的产出并不能说明效益，只有销售出去才能显示其价值。他分析了自己与富勒公司的实力，硬碰硬显然自己不是对手，最后想出了“烘云托月”的推销方法。他不是直接夸耀自己的产品，而是在宣传富勒公司产品的同时，顺便介绍自己的产品，如此一来，自己的产品也就突出了。

约翰逊四处推销他的新产品：“富勒公司是化妆品行业的金字招牌，您真有眼力，买它的货算买对了。不过，在您用过它的化妆品之后，再涂一层约翰逊制造公司新生产的水粉护肤霜，准会收到您想象不到的效果。”

约翰逊的朋友们不赞成这种推销方法，他们认为富勒公司本来就是约翰逊的主要对手，替他宣传自己的产品就更无出头之日了，只能吃他的残羹冷炙了。但约翰逊并不这样看，他认为自己的最终目标是取代富勒公司的位置，但目前条件尚未成熟，无论如何在短期内无法与它抗衡，只能积蓄实力，伺机而动。

事实证明约翰逊这张牌打对了。由于他明着吹捧富勒公司，自己甘居从属地位，所以没有引起对方的戒心，而凡是用富勒产品的人，谁还在乎多花几个钱再买一盒约翰逊制造公司的产品试试新鲜呢。最后，由于水粉护霜的质量的确不同凡响，它已成为有化妆嗜好的黑人妇女梳妆台上的必备品。

随着时间的推移，约翰逊制造公司的知名度达到了与富勒公司并驾齐驱的程度。接着，约翰逊公司生产了系列新产品，经过强化宣传，短短几年努力，约翰逊生产的化妆品便将富勒公司的大部分产品挤出了化妆台。美国黑人化妆品市场成了约翰逊的独家天下。

**商海竞争，要依情势和自身实力等综合因素而定，有时狭路相逢勇者胜，有时要猝然临之而不惊，有时则退一步海阔天空。**

# 第十章

## 以守为攻，柳暗花明

### ——掌握善用守势的竞争艺术

商战同兵战一样，攻势固然重要，但守势也是不可缺少的。有时要避开不利于自己竞争的形势，以“守”的形式“静”下来，外静内动，“守示于外”“攻动于内”，在静中优化自己，在“守”中厉兵秣马。有时各种竞争尚未达到进攻出击的条件，只有先守，通过守来巩固和完善既得的“阵地”，为攻准备条件。只有准备充分，才能有把握在竞争中取胜。即使竞争者暂时失利，也要养精蓄锐，以求东山再起。

企业竞争者应善于驾驭守势艺术，积极改变守势的主客观条件，全方位构建固守之势的工作，利用胜负之数生变之机，发兵以攻之，由守转攻。

## 一、攻守相宜，交替统一

攻与守是竞争中两种不同的手段，但攻与守又是密切相关、不可分割的。攻中有守，攻也是为了更好地守；守中有攻，守也是为了更好地攻。经营者只有亦攻亦守，攻守兼备才能争取竞争的主动。

### 1. 认清攻与守的辩证关系

正确处理“守”和“攻”关系的指导思想，既能保全自己，又能取得全胜。这对企业决策的启示是重要的。

**企业经营者做出“守”还是“攻”的决策之前，首先要认识到自己的企业处在哪一种竞争地位**。现在一系列的战略定位方法，如波士顿矩阵、经营对策矩阵、产品—市场发展组合矩阵等方法能帮助企业战略家决定在本行业中是否要投资、维持、缩小或退出。“先为不可胜，以待敌之可胜”提供的启示是不论企业处于统治地位、强壮地位、还是防守地位，都必须首先做到“不可胜”，必须时刻注意保护自己的现行业务不受对手侵犯。即使已经是市场领先者了，如可口可乐也必须经常提防百事可乐，吉利必须提防比克，奔驰汽车必须提防宝马汽车。市场领先者必须“堵住漏洞”，以防进攻者侵入。不能满足现状，并应成为本行业新产品构思、顾客服务、分销效益和成本降低方面的先驱。处于统治地位的公司，即使它不展开攻势，至少也必须对各条战线保持警惕，不放弃任一暴露着的侧翼。中小规模的公司不要认为增加市场份额会自动改进它们的赢利率。这在很大程度上取决于它们为取得市场份额的增加而采用的战略，企业分析家已经举出了许多高市场份额低赢利率的公司和许多低市场份额高赢利率公司的例子。购买高市场份额的费用可能大大超过它的收入价值。

如果企业能获得成本领先、产品的高度区分或市场集中，则它们就能得到一个高的报酬率。任何企业必须在能保存好自己的基础上，才能去设法“胜于易胜”。“易胜”就是代价尽可能小的胜利。具体对市场挑战者而言就是：**企业付出的代价不能超过它获得的利益价值**。

先为不可胜，以待敌之可胜，这两条思想是相互联系、相辅相成的。

先为不可胜，为的是保存自己的战斗力，以待敌之可胜。如果你的企业不具备竞争能力，即使市场提供了难得的机遇，对你也不成其为机遇，只能拱手让人。从这个角度看，在时间顺序上要“先为不可胜”，后“待敌之可胜”。但是，就主次来说，“先为不可胜”要顺从和服务于“以待敌之可胜”，重视防御是为了聚集进攻的实力和等待进攻的时机。有人认为，一个最好的防御方法就是发动一场最有效的进攻，这是有其道理的。

## 2. 运用守势策略的具体方式

### (1) 先退而进

所谓先退而进，是指“知己不胜而退之”。而这种先退正是为着后进，同强敌决战，出路只有三条：投降、媾和、退走。投降是彻底失败，媾和是一半失败，退走则可以转败为胜，所以称走为上计。走为上，实际上也是“守势”的一种形式。因此，在战场上常常适用退战之计。当遇上敌众我寡或者地形不利的情况，或者因错而失势，都不可以再作强争，而宜于从速后退，避开险境，保全实力。在市场竞争中，在暂时无法占据领先地位或暂时不能抢占“制高点”时，就不能去硬争第一，勉强抢先，不仅无法站在排头，而且可能会被挤出“队伍”。因此，要善于“急流勇退”“甘居第二”，甚至要“退避三舍”，这对于站稳脚跟，发展自己，十分有利。“退”的实质是在退中求进，退中丰满羽毛，这叫退而进之，进而攻之，“退一步，进两步”，用退换进，以退促进。

### (2) 先治后争

先治后争是守势艺术的重要运作方式之一。先治而后争，是指在守中治，治中守，“治守合一”而后争。通过守中治，达到精兵锐器，一争即胜的目的。《孙子兵法·形篇》：“善用兵者，修道而保法，故能为胜败敌之政。”“修道保法”讲的是用兵，而在守势艺术中也更为适用。在固守阶段，其重要的任务就是治军，修道保法。“修道”是指从各方面修治“先为不可胜”之道。“保法”，是指确保必胜的法度。用通俗的话说，就是开明的政治，严明的法制。内政修明，外交详慎，自然内安外和。这时即使有人想发动战争，也不敢妄动了。这是一种胜于无形，无智名可闻，无勇可见的一种用兵艺术。**企业在守势中的修道保法，也就是要修“上下同欲”取胜之道，保竞争实力超人之法**。修道保法的范围，也不外乎内外两个方面。从外部讲，巩固和发展同供方、需方、友方、“敌方”业已存在的关系，树立良好的社会形象，即是平时讲的“外功”要好。从内部讲，要提高职工队伍的整体素质，强化竞争意识，充实竞争实力和各种经营运行机制，即是平常讲的“内功”。这样，“道”修有方，“法”保有度，就会在市场竞争的舞台上，大展雄姿。

**(3) 先补后上**

先补后上，是指退守后应对自己的弱处“供氧输血”，填补亏空，休养生息，增强造血功能，尽快使自己强壮起来，使弱变强，使虚变实，使劣变优。补的形式，如补充，即补给或充实竞争实力；补救，即采取对策矫正差错，扭转于己不利的竞争形势；补偏，即补救偏差疏漏；补缺，填补缺少的竞争内容、项目或对策，等等。通过补充，以增强竞争力，积聚爆发力，唤起攻击力，加大“后坐力”。

### 3. 因实力而弃，攻守交替运用

一个企业或经营者从长期发展来说，有时攻，有时守，有时进，有时退，关键是视具体情况而定，具体条件具体分析，宜攻则攻，宜守则守；宜进则进，宜退则退。攻的时候不要忘记守，守的时候要时刻想着攻。总之，要攻守交替，攻守兼备，不可偏废。

**竞争实践证明，攻与守是竞争决策诸多矛盾中的主要矛盾**。只有把握住这一主要矛盾的运动变化，才能摸准市场的脉搏。攻守相宜，棋高一着，则进退自如，主动在握。但是，在现实竞争实践中，有些竞争者忘记了“必攻不守”的谋略思想，往往处于“无攻无守”的状态。所谓必攻，就是坚决地攻击，或者说一定要打击；所谓“不守”，不是说不要防守而是指敌人没有防守，无法防守或防守虚弱之处，同时也是敌人的要害之处，一打击便会出现全局性的变化。把“必攻不守”引用到经济竞争中来，那就是正确选择攻守方向，坚持有攻有守，攻守并重。对于名优产品，一定要集中兵力“创”。只要有称雄的气魄和胆略，加上一定的竞争实力，就可以突破竞争对手对名牌产品的防守。因为名牌也具有双重性，既可以催人奋进，锦上添花，也可以令人陶醉，自我欣赏，从此止步。名牌产品一旦放松“防守”，就会出现漏洞，别人就会乘虚而入，由“杂牌”变为名牌，而名牌就会砸牌子，甚至成为杂牌。因此，对自己已有的名牌货，必须固守，在守中翻新，继续保持其领先地位。如果在竞争中采取“无攻无守”的策略，那只能导致竞争的失败。而实际上就根本不存在无攻无守。在市场竞争中，不攻则守，不守则攻，二者必居其一。无非有“攻则不足，守则有余”或“攻则有余，守则不足”之分罢了。

**攻与守在经济领域竞争中既是必需的又是灵活变动的，不可拘泥于固定性、单一性、独我性和经验性。**孙武主张，必争之地，不要硬攻，但是要争；必争的地方，不必死守，但不可失。关键在于以石击卵，批亢捣虚。经济竞争，市场是竞争客体，看谁对市场的占有率高。作为经营者或竞争者，要分清哪些是市场竞争各方必争之地，既不要硬攻，而又要得到它；哪些市场是竞争各方既不能死守而又是不可失的。对于必争而又要得到的市场，不要不顾主客观条件，硬着头皮去攻，而要“甘居第二”或者干脆躲开“必争”这个“目标流”，走迂回发展的道路，以疲敌待机；对既不能死守而又是不可失的，就要在产品这个竞争“武器”上想门道，拿出新招、奇招、绝招，巩固老市场，开辟新市场。

攻守艺术不是杂乱无章的，而是有规律可循的。而有些竞争者在竞争中则是盲攻盲守。盲攻盲守即是无序无向的攻与守。盲攻盲守不属攻守艺术的范畴。其恶果不亚于无攻无守。

## 二、侧翼进攻，在迂回中前进

任何与强者的直接抗衡，对发展初期的弱小企业来说都无异于以卵击石，是极不明智的。师敌之法，当避其锋芒，不抢旺势，在市场的“盲区”中寻找自己的着力点，一旦羽翼渐丰，“侧翼进攻”就会变成“合围歼敌”。

### 1. 掌握侧翼进攻的策略

一般来说，流行热潮本身由于能直接带来丰厚利润，故而行业竞争激烈，企业若无雄厚实力和基础，将难以从中取胜。但是，流行产品在其产品的成长期和成熟期，必然会带动一系列相关配套的服务产业的发展。而这一领域一般是未引起注意的市场空当，是隐性营销机会，企业可以绕开主要竞争矛头，跟在流行产业的侧翼，发掘出这些隐性营销机会为我所用，收到事半功倍的效果。

这说明，对于大部分后来者或曰追随者来说，在进入市场之初，他们往往是相对弱小者。如果我们能够“毕其功于一役”，一举全面占领市场，把竞争对手给挤出去，那当然是再好不过的事情。然而，客观现实是，一下子把市场领先者打翻在地的情况虽然有，但不多见。他们的实力，他们的产品形象，还不足以与市场领先者进行正面抗衡。此时的争勇斗狠，吃亏的往往是自己。有鉴于此，侧翼攻击策略对于那些无力从事正面进攻，或无力在市场上发动强大攻势的企业来说，可能是最佳的选择。

当然，运用侧翼攻击策略并不是无条件。

条件之一：攻击者能够发现与众人所涉及的产品市场完全不同、并且为领先者所忽略的重大市场区域。在我们所了解到的日本公司市场进入策略中，日本人都以此避开与美国公司将可能发生的正面冲突。

条件之二：产业或市场的迅速增长往往是侧攻策略产生的土壤。在这种情况下，侧攻者的获利，并非以其他厂商的牺牲为代价，因此也可以避免公司之间的正面冲突。日本的汽车、电视机、摩托车、复印机、音响设备等行业，对美国市场所进行的侧攻都有这一特点，因此没有遭到强有力的抵抗。

条件之三：领先公司傲慢自大，对新厂商的成长不屑一顾，也是侧翼攻击策略得以产生的重要条件。一般说来，对于领先者所掌握的市场而言，日本公司所进入的市场是微不足道的。日本计算机行业进入美国市场时，所面临的就是这种情况。

### 2. 见石移卵，此路不道走彼路

发展没有捷径可走，其间必会遇到重重障碍，艰难困苦。善管理者绝不会不计后果的猛冲猛打，而是迂回前进，此路不通移至彼路，绕开关隘，一举获胜。

此路不通不走彼路，再不动脑筋，不计后果一条路走到底是逆向经营的大忌，也是极不明智的市场开发选择。

印度已成为当今世界上机床生产大国之一，它生产诸如砂磨机、钻床、冲床、车床等金属加工的切削设备，占领了全球市场相当大一部分份额。然而，在早期印度机床进入国际市场时，虽然其设备质量很不错，但出口量却很小。原因是在世界市场上，一些国家对印度有偏见，它的产品不受欢迎。印度被认为是一个经济落后的国家，依然是一个有着僧侣、玩蛇者和牛群自由悠游的国家。买主们很难相信印度能制造出高质量的机床。其实，制造非数字化的一般机床并不需要十分复杂的技术。在印度制造机床的劳动力价格很低，因此印度机床的价格比国际市场低大约30%到40%。虽然这些机床能满足国际技术标准，然而还是无法打开国际市场，因为用户对印度的印象不佳，他们认为，低价格意味着质量低劣。一些发展中国家面临着和印度类似的问题，它们生产的高质低价的机电产品，往往得不到国际市场的公正评价。原因是用户迷信发达国家产品，对发展中国家抱有偏见。

用低廉价格刺激用户购买是不成功的，印度机床生产厂商不得不采取其他战略。他们从竞争对手的市场开发战略学到了很多宝贵的经验，于是决定迂回推销，借经销商的信誉来使其产品得到国际市场的承认，而不是花费巨额金钱努力改变人们对其国家的印象。在国际市场上，有一些信誉良好的机床经销商，他们懂技术，拥有完善的销售机构、良好的维修信誉以及有利的信贷办法。于是印度机床厂商把销售工作的重点转向推销商。印度机床的优势在于价格低廉。而经营商的商人眼光，使他们对利润和营业额最感兴趣，当然产品质量也很重要，因为经销商也要维护自己的声誉。为了使经销商相信产品能满足必要的标准，印度厂商进行机床工作展览，同时进行产品质量检验，并邀请经销商组成的代表团访问印度，使他们看到了印度现代化、高效益的工厂和高水平的管理，以及印度灿烂的文化。从而改变了经营商对印度床机的怀疑态度，与机床经销商建立了广泛的合作关系。随后又邀请发达国家的潜在买主同一些经销商一起，组成贸易代表团访问印度。使他们了解印度的情况，目的是使经销商和潜在买主产生经销或购买印度机床的愿望。为了使顾客确信机床的高质量，进一步促进销售，印度厂商又在欧美一些主要城市建立产品展览厅，还投资参加了一些工业贸易博览会，进一步宣传其产品，获得了良好的信誉。

由于亲眼看到了实际情况，最终使用户容易接受他们所信任的经销商的建议，经销商也就容易把产品出售给用户。经销商有信誉，机床也因而有了信誉。通过转向中间商，印度的机床正在向世界市场迈进，大量销往欧美发达国家。

优质低价却销路不畅，是发展中国家的产品进入国际市场时遇到的一个最棘手的问题。形成这一问题的最根本的原因是世人的偏见，而要想改变人们的偏见是极为困难的。

一个一个地说服客户是不可能的，大打广告也未必能收到预期的效果，而且国际市场（尤其是西方）上的广告费用亦不是个小数目，再降价恐怕会让人怀疑品质的低劣。怎么办？印度机床商把目光转向经销商。经销商是介于生产者与用户之间的流通环节，他们与用户有着大量的联系。许多经销商本身就是专家，也有着良好的商业信誉。如能说服他们，事情就好办多了。于是，他们把销售攻势的目标对准经销商，让经销商知道印度机床的高品质，让经销商知道经销本产品的诱人利润。这一迂回进攻策略显然奏效了。经销商被说服后，辅之以其他一些促销方式，印度机床一步步地走向国际市场。

结论是：**正面攻击不成功的，就可采用迂回战术，蛮干或灰心丧气都是不可取的。**

# 第十一章
# 价格妙算，销售魔方
## ——商品定价的反向之道

逆向管理的最终目的，是使企业得到最大的利润。在企业产品销售中需要科学而巧妙地确定产品的销售价格。在以市场经济为导向的经营活动中，定价问题十分复杂。如果定价不当，或是导致产品滞销卖不出去，或是本来可以获得的较大利润却失之交臂。产品因价格策略的不同或导致企业财源滚滚，或导致产品无人问津。价格这一“魔方”实在是太复杂了。薄利未必能多销，价高也不一定卖不出去。可见，价格问题是企业管理中的重大问题，经营者必须慎重考虑。

## 一、明确定价目标，熟悉价格类型

企业管理的目标是企业的效益，不论是常规管理，还是逆向管理，这一目标都是贯穿于管理过程的始终。产品的定价原则、价格类型都必须符合这一总的目标。

### 1. 理性地确定定价目标

一般说来，定价目标体现在以下四个方面，即获取最大限度的利润，达到目标利润率，获得较高的市场占有率，稳定该产品的价格。

#### （1）获取最大限度的利润

在市场经济中，获取最大限度的利润是所有企业生产经营的总目标，当然也是其价格制定的重要目标。以长期取得最大利润为目标的价格战略，不可能在竞争对手林立或可能出现较多竞争对手的情况下实现。只有在垄断市场的情况下，才有可能达到这一目的。

**垄断企业的价格战略在理论上将价格定在边际效益和边效费用一致的焦点上，靠这个价格取得最大限度的利润。**而且，因为对垄断产品的需求没有选择的余地，垄断企业有意识地压低市场供货的数量，充分利用非价格竞争手段，如服务与广告宣传等，这样就可能以有利的价格来销售自身的产品。

在法国波莫瑞香槟酒公司的酒窖里，常年储藏着1500万瓶香槟酒，但每年只拿出600万瓶出售。公司的公关经理一语道破天机，他说：“酒必须在酒窖里存五年。更主要的是，我们有意要保持需大于供，只有这样，名牌香槟才物以稀为贵，才能卖出好价钱。我们的酒，常常是法国总统府发传真来订购的。”

#### （2）达到目标利润率

企业投下一定的资本，并在将来取得一定的利润，二者相除的百分比就是企业的目标利润率。**一般来说，企业规定的目标利润率应高于银行的**

**贷款利率**。如果银行贷款利率是 8%，作为企业定价的目标利润率就应该在此之上。

采用目标利润率为价格战略目标时，要考虑下述两个问题。

其一，目标利润率无论从短期考虑还是从长期考虑。期限不同，利润率也不同。为将来的发展要支付巨额的新产品开发投资、技术研究费、新投资的折旧费及利息，因而要相应地减少短期的收益。因此，要考虑目标利润或目标利润率减少到什么程度。

其二，对老产品调价和对现有工厂设备范围内所生产的新产品定价，都没有什么问题。如需增加新投资生产新产品时，目标利润率究竟是采用与新增投资有直接关系的目标利润率，还是采用原有的目标利润率，两者是不同的。特别是采用后者时，利用老设备而发生的间接费用什么标准分摊，由于情况不一样，其内容也明显不同。

**（3）获得较高的市场占有率**

有些企业的定价目标，是为了保持或增加本企业产品在市场全部同类产品销售中所占的比重。市场占有率的高低，一方面显示了企业进占市场的能力，另一方面也与企业预期目标利润率有关。在美国，企业平均预期目标利润率低于 10%，其市场占有率为 9%；市场占有率超过 40%，其平均预期目标利润率为 30%。较高的市场占有率带来较高的预期利润率。其中最为重要的原因是销量越大，企业越容易降低单位成本，获得规模经济效益。当价格竞争构成销售的主要因素时，适当降价可以吸引顾客，扩大市场占有率。不过，这里还需要特别注意一个问题，以维护和扩大市场占有率为目标的价格战略仍要使自己能够保持适当的利润水平。商战史上不乏这样的实例，有的企业为扩大市场占有率，不惜血本猛降价格。虽然有可能挤垮了竞争对手，但给自己所带来的只是“无利润的繁荣”，一旦市场需求发生变化，一旦又有国外企业进占市场，则会使自己的企业处于一种进退两难的尴尬境地。

**（4）稳定商品的价格**

大企业往往希望稳定商品价格，而力图避免相互之间发生两败俱伤的价格战。这是因为，在本行业生产销售过程中势均力敌的大企业，任何单方面的价格变动都会引起竞争对手迅速而强烈的反应。譬如，在可口可乐与百事可乐几十年殊死的搏杀中，双方的战斗往往都集中于非价格因素的争斗，而对价格战都是小心翼翼地予以回避。**以稳定价格为目标的定价策略，可以避免对双方都有害而无益的价格大战，这样方可以给企业带来稳定的利润**。而且执行稳定的价格政策的企业，又会被其他企业视为行业带头人。

## 2. 透彻地了解价格类型

作为企业的经营者，当然需要对价格的类型有透彻的了解。根据英国经济学教授弗兰克·杰夫金斯的研究，基本的价格类型有四种。这四种价格类型分别是经济价格、机会价格、心理价格和市场价格。他对这四种价格的内涵作了如下解释。

### (1) 经济价格

这是生产或提供产品和服务时能赢利的价格。如果低于此价，销售产品或提供服务就不经济。

这里所说的经济价格不应与经济学家所说的供求价格混淆。供求价格是指价格上涨时，需求则下降；价格下跌时，需求则扩大。但这要看是什么产品。主要日用品的需求量并不受价格变动的影响，而且政治家们也已懂得利率只有大涨大落才可能对需求产生影响。因此可以说，经济学家的看法往往过分简单，其理论在实践中并不总是行得通的。

### (2) 机会价格

机会价格类似机会成本。**机会价格涉及人们决定如何使用在满足基本需要后余下来可随便支取的那部分收入**。价格可以决定消费者把钱花在哪种产品——常常是哪种奢侈品上。对于收入不同的人来说，奢侈品意味着不同的东西。对于穷人来说，奢侈品可能是一件新衣，而对于富人来说，则可能是一些款式新颖的时装。而且随着生产水平的提高，奢侈品也会变成必需品。但是，一般来说，机会价格主要针对人们在较昂贵的物品和服务上花销的钱而进行竞争。一个人可以放弃买一辆新汽车的打算，而把这笔钱用于去外国度假，所以汽车制造商和旅游公司会提供互相竞争的价格去赚取消费者的这笔钱。但对穷人来说，可供他们选择的可能是啤酒和香烟。

（3）**心理价格**

心理价格有两个方面。其一是价格在表面上可以显得比实际便宜些。例如，99 听起来比 100 少了许多。其二是人们愿意付高价，因为高价格意味着高价值，而低价格意味着低价值。在定价时，应考虑到顾客会有几分钱买几分货的观念。一种产品所以能打开销路，可能就是因为大家都知道它很贵，如罗尔斯·罗伊斯牌小汽车；反之，一种产品之所以滞销，也许是因为其价格过低。英国史密斯公司生产的手表质量比进口货要好，其滞销的原因就在于价格过低。**高昂的价格还具有一种显贵的性质**。很少有人喜欢接受众所周知的价格低廉的奖品或礼品。女人常因别人馈赠一瓶"昂贵"的香水而激动。

（4）**市场价格**

**市场价格是一个人希望为一种物品所付的标准价格**。如果所定的价格高于市场价格，就会显得收费过高；如果所定的价格偏低，又可能引起怀疑。所以，重要的是正好提供人们希望支付的那种价格。也正是在这种情况下，理由显得不足的涨价才引起需求量的下降。英国报纸涨价就遇到过这种情况，那时报纸的发行量持续下跌，直到新的价格被人们当作市场价格接受之后才回升。

## 二、了解顾客心理，巧定心理价位

人的正常心理决定着自身的思维定式，并发展成为具有惯性的思维模式。在商品销售上，如果经营管理者善用逆向的思路，搅乱顾客的习惯和消费心理，则会收到意想不到的效果。

### 1. 故意提价，给消费者心理环境一个谜

一些有声誉的老店和一些名牌商店，消费者对它产生了信任感，价格可以定高一些，也提高了商品的声望。

美国亚利桑那州大峡谷沙漠中有一家麦当劳的分号，游人都喜欢在此解决肚子问题。其实这儿的价格比其他地方的麦当劳连锁店高出一大截，正如店家标榜的“本店价格最贵”，但人们并不在乎，因为此“贵”非彼“贵”，其贵在有理，且看店堂里醒目的“诚告顾客”：

由于本地常常缺水，所需用水需从60英里以外运来，其费用是常规的25倍；为了留得住员工，我们需支付较其他地方高得多的工资；为了在旅游淡季亦能正常营业，本店还得随季节性亏损，又由于远离城市，地处偏僻，本店的原料运输昂贵，所有这些因素使本店的价格昂贵，但我们为的是向您提供服务，相信您会理解这一点。

事情至此理由明白不过了。游人尽管吃着“最贵”的汉堡包、热咖啡、土豆条，但没有人被“宰”的感觉，反之觉得钱花得“值”，其实，这里定价贵的最根本的原因还在于麦当劳本身的魅力。本来以麦当劳“世界各地一模一样”的宗旨，它不应该在地理位置较差的地方提供同样服务而收取更高的价格，这个例外最根本之处是它本身的声誉，这也体现了美国人的精明之处，也是麦当劳之所以敢于宣称“有教堂的地方就有麦当劳”的原因。

威望声誉定价的另一种形式是有意把某些商品价格定高，目的并非销售这种商品，而是带动其他商品的销售。如瑞士生产价格几十万美元的“劳力士”（Rolex）手表，其实销量很低，生产者并不关心此种手表的销售情况，而更感兴趣的是借这种昂贵手表的声誉，增加其他手表的销量和信誉。

今天，我们在市场上所看到的一条“金利来”领带，价格高达300～400元；一双耐克旅游鞋，也售价上千元；一件皮尔卡丹西装，更高达数万元。寻常百姓对这犹如天文数字的价格望而生畏；但在一些高消费者及有猎奇偏好的消费者中间，却有许多人趋之若鹜。就连许多财力不够的年轻小伙子，也“打肿脸充胖子”，硬要买上一件，虽有些肉痛，但招摇过市时会给他们带来很爽的感觉。因为高档奢侈品，加上高昂的价格，就更显得珍贵神奇，别人消费不起，这些正符合他们的愿望。他们要的就是奇货，就是与众不同的感觉。价格高得离谱，他们的热情也会充分调动起来。你卖高价，反正我买得起，如果你把价格定得寻常人都能攀得上，这部分消费者就会不屑一顾，另找高就。

**物美价廉，薄利多销，是一种有效的竞争手段，也符合一般消费者普遍心理特点的超前策略，但这种定价方法并非在任何情况下都能奏效。**

### 2. 反其道而行之的高定价销售

不同的消费者有不同的消费心理，除了那些高消费者以外，就是在一般的消费者中，也有许多人认定“一分钱一分货”的道理，如果你把价格定得太低，在他们心目中产生的印象是商品的档次太低和质量太次，以致可能会丧失应有的购买兴趣，即使有心想买，也会顾虑重重、考虑再三，所以，针对不同的情况，把一些产品的价格定得高些，也是一种行之有效的方法。

所谓高额定价，说白了就是把商品的销售价格定得明显高于成本。上面两则例子，我们从顾客的消费心理着手，叙述了为什么要采取这种方法的道理及适用环境，

目前，许多企业在新产品上市时，都普遍采用这种定价法。因为新产品上市之初，市场上并没有竞争对手，就像偌大的戏台，就你一个人在唱戏，台下的观众也只能接受。这时，你把价定得高点，顾客需要呢，他们不买也得买，因为“别无分店”。这样短期内可大赚一笔，捞回本钱。另一方面，能占据市场主动权，当以后竞争对手出现时，可以通过逐渐降低价格来削弱对方竞争力。

企业在新产品上市时，用这种方法很奏效。然而，高额定价的适用范围远不止于此。按西方的理论，产品的价格实际取决于市场的供求关系，只要市场上产品供不应求，都可采用这种方法。这不难理解，想一想，当本来一件产品的价格只有10元钱，可这时若有100个人等着要这产品时，你是否该提价呢？这时，再不提就是傻瓜了！你可以卖到一件50元，甚至更高，只要有人肯要。反正一个愿挨，一个愿打。当然，这前提是“有人愿挨”，假如你一提价，别人都改买别人的东西，那就不好了。不用怕别人怎么说，那些人肯定是眼红了。相应地提价，这叫“适应市场的变化”。

**奇货可居，是企业采取高额定价的一个基本原则。所谓奇货，不仅包括新产品、稀有的，也包括名牌产品**。名牌产品，看重的是它的名气。换

句话说，名气是他的本钱，而这些名气，靠的是价格来培养的。就像皇帝有皇帝的规格，大臣有大臣的架子。单不说皇帝，大臣外出就需八抬大轿，鸣锣开道，后边还有一大批人前呼后拥，以示不同于一般人。名牌产品在营销中采用高额定价法，能够巩固名牌的高贵地位，保持特优的身份，维护至高无上的优势，当然也赚取超额利润。

同时，“物以名为贵”是与“物以稀为贵”分不开的。离开了“稀”，“名”也就荡然无存了。

英国一家衬衫厂出产的名牌衬衫在市场曾享有很高的声望。一度畅销西欧各国，售价是一般衬衫的5倍，销售对象一直是西欧的白领阶层。后来，这家企业见有暴利可图，便极力扩大其生产规模，大批量组织出口，以致造成西欧市场过剩，售价大跌，蓝领阶层人士也不断加入购买者行列。多年的老主顾白领阶层人士一见蓝领阶层人士也穿上了这服装，便觉得有失体面，不屑与之为伍，逐渐退出了购买者行列。结果导致这种名牌衬衫在西欧市场上身价大跌。

相反，许多名牌产品运用“稀缺”的战略，人为地造成“物以稀为贵”，而获得巨大成功。如德国的“奔驰”轿车，其产量是严格限制的，而且必须预先订购；英国的“劳士莱斯”更是如此，全年产量不过几辆。

**这不是绝对证明名牌产品一旦成为“明星”之后，就得减产或维持产量**。只要市场还处于“饥饿”的状态，便可扩大生产，以便在市场上占有更多的份额，获取更大的利益。

### 3. 妙用折扣，收一石二鸟之奇效

这种打折扣的妙法，看上去商家极为慷慨，但实际上是平均以商品原价的5折出售的。这对于扩大商店的影响以及清理库存，尤其是季节性商品大有裨益。

在西方市场上，打7折、6折的大拍卖是时常有的事情。在这一问题上最精明的商会定出打折扣销售的日期，假定总共是16天，最初的一天是9折销售，第二天是8折销售，第三天、第四天是7折销售，第五天、第六天是6折销售，最后一天是1折销售。

这一做法的高明之处是明确而有效地把握了消费者的心理。谁都希望在2折、1折的时候去买自己想买的东西。然而，那些好货不大可能留到最后一天。因此，一般的顾客都在第一、二天先去看一看有没有自己所需要的东西，但并不匆忙买下。到了打7折的时候，就开始坐不住了，怕自己要买的东西被他人捷足先登，所以一般顾客在打7折时就开始购买了，顶多打6折时就产生了不能再等下去的心理。实际上到打2至3折的时候，剩下来的东西都是那些实在卖不出去的货色了。

**另一种打折扣的妙法是，大幅度降低某一商品的价格，几近亏本或者就是亏本，而这种商品并不全然是滞销货。**乍看上去，厂商是吃亏了，但这一做法的出发点是“堤外损失堤内补”。消费者听说了某商场的某一商品大幅度降价的消息，势必会蜂拥而至，前来购买，买到价廉物美的商品定会喜形于色。然而，这时消费者正在一步一步地陷入厂商善意的“圈套”。那就是，既然进入商店，一般不会买完一件东西后拔腿就走，总得东瞧瞧，西望望。说不定又附带买了这种或那种商品，而这些商品并没有降价，这样，商店又把利润赚了回来。况且，这时消费者对该店已有了好感，于无意识中感到该店的商品价廉物美。手上正拿着的这一商品便是明证，因此在买其他商品的时候就不会那么犹豫。一笔总账算下来，商店的局部利益受到了损失，但商店总的销售额却得以大幅度增加，所得到的实际利润也有所上升，商店在消费者的心目中又树立起了良好的形象。正所谓“一石二鸟”。

### 4. 让消费者自己来定价

虽然消费者的选择权至高无上，但历来由商家定价好像是天经地义的。逆向管理偏反其道而行，由消费者自己来定价，这不仅是对产品与服务的考核，也是考查市场消费心理的质检。

美国匹兹堡市有一家名叫朱利奥的家庭餐馆，店主在经营上出了一个新招：让顾客自己定价。顾客可以根据饭菜的质量好坏自行决定付款多少。不论出价高低，老板都无异议。如果顾客觉得很不满意，也可以分文不给。在餐馆的菜单上写着这样几句话：“到朱利奥餐馆来的顾客，相信会给我们带来好运。因此菜单上没有开列定价，请您自己决定您享用的饭菜价值几何。”顾客克雷斯夫人和她女儿在这里吃了一顿别致的晚餐，自愿付了15美元。而在别的餐馆的菜单上，同类饭菜的标价大约只有5.7美元。相比之下，无价菜单餐馆的获利，有时竟能比有价菜单餐馆高出许多，出于对“自愿定价法”的好奇，只有34个座位的朱利奥餐馆，已成为当地的一个热闹场所，每日的营利收入比以往增加了75%。

这是一种新型的定价方法，叫作消费者自主定价策略。由于这种经营方式奇特，前所未有，好奇心驱使人们都要来看个究竟，于是就会自然而然地迈进这个酒店。可想，**顾客自己定价的实质就是对内提高技术、服务质量和经营素质的动员令，对外是强化推销手段的一种经营策略**。这种内功与外功并举的行为是工商企业兴旺发达的绝妙方法，有了它就能在激烈的市场竞争中大发利市。

这种让顾客自己定价的做法，最近在招聘广告中也出现了：招聘人员，工资由应聘者自定。这与上述做法有异曲同工之妙。

**让消费者自己定价有以下一些好处。**

其一，表现出对消费者的高度信任感和无比的尊重。相信他们不会乱来，相信他们的理解与判断力，这使得消费者在心理上获得极大的满足。

其二，如前所述，这一做法激起了消费者的好奇心和探求欲望。人人都想得风气之先，人人都想对未知予以了解与尝试，于是，这一新奇的定价方式便招徕了大批顾客。

其三，当顾客的自尊感得到满足之后，他们就会以实际行动来表现自己的价值，表明自己是值得受尊重的人。世界上的事情就是那么微妙，如果卖家表现出落落大方，买家也将显示自己是谦谦君子。前者形成恶性循环，后者则是形成良性循环。做生意是真精明还是假精明，也在这里见分晓了。

## 5. 你降我升，反其道而行之

你升我降，你降我升。任何市场竞争的选择都不是唯一的，企业经营者应该根据企业的实际情况做出决断。如果说什么是恪守的信条的话，那就是不能被动地跟在别人后面走，否则肯定会吃亏。

美国亚利桑那州有一家珠宝店，购进了一大批漂亮的绿宝石。谁都知道，宝石生意虽然利润可观，但占用的资金量很大。所以，绝大部分珠宝店都想尽快将货物脱手。这家珠宝店的老板对这一常识当然不会不知晓。恰好进货后他有事要外出，出于对销售缓慢、资金周转的担心，临行前留下一句话："如果我走后销路不畅，你们可按二分之一的价格将这批货尽快销出去。"岂知他的下属听他留话时有点漫不经心，把话听错了。误以为老板是让以原先价格的两倍出售。老板走后，宝石的销量不看好，他想起老板留下的话，以两倍的价格出售。虽然自己也觉得不合情理，但老板之令岂能有违。然而，偏偏怪事就发生了，提价后，销量大增，待到老板回来时，宝石早已销售一空了。

乍看起来，这件事的确有悖常规了，消费者不是最喜欢价廉物美的商品吗？为何把价格提高了两倍，反倒迅速销售一空？原来，价格与消费者心理之间存在着一系列复杂的关系，任何定理与公式都不能解释所有的现象。根据我们的分析，**就日常消耗品而言，人们更多的是看中价廉物美，但对于那些装饰品、炫耀品来说，过低的价格反倒不能满足其心理需求了**。消费者在无意识中可能会有这样的想法，就这一点钱的东西，能拿得出手吗？值得炫耀吗？这样一来，价廉这一因素或曰优惠条件反而成了购买时的心理障碍。上例中的这家珠宝店之所以能歪打正着，是由于碰巧与消费者心理相契合，故而得到意外的成功。则经营者应由这一案例引发思考，获得启迪。

厂商之间打价格战是常有的事，尤其是在一类商品滞销积压的时候，这种现象时有发生。**当一个厂商率先降价后，其他厂家如何应战？这是对企业决策者胆略的考验，能力的考验。**

现代企业经营管理者就要突破习惯性思维的空间，反其道而行之，你降我升。这一思路非常对头。事实上，降价是把商品列入低档行列，这样就从中、高档市场中让了出来，而别人则乘虚进入这一市场区域。结果是这场价格战对自己毫发未损，反倒提供了一个发展的契机。

# 第十二章

## 糊涂用人，欲紧故松

### ——非同寻常的逆向用人

管理者与被管理者，始终是企业中两个矛盾着的对立面，而在大多数的管理方式中，管理者总是处于主导地位。管理者制定出种种制约被管理者的规定、规则，而不必征求被管理者的意见；被管理者则被动地接受管理者的管制。逆向管理正是看到了这种不对等所带来的不合理和潜在的危害(被管理者的怨恨积累到一定程度会发生总爆发，其力量之大可以摧毁原有的管理体系)，将“推拉有度，以短寻长，糊涂用人”奉为其管理的不二法宝，力求将管理者与被管理者这两个矛盾着的对立面的对立情结化解在双方和谐合作、共创未来的劳动之中。

## 一、不求完人，容短护短

善用人则必有宽容之心。宽容是一种美德，宽容是一种自信，宽容也是一种力量。宽以待人的容人之度应成为每一个领导者和管理者的必备素质。

### 1. 取长补短，用人不必求全责备

以短寻长的用人方式是逆向管理中的一项内容，它在用人方面即表现为不求人的完美，用人所长，不计其短，从大处着眼，不求全责备。俗话说："人上一百，五颜六色。"每个人都有他自己所独有的兴趣爱好、性格特征。我们不能够，也没有必要要求他们放弃自己的兴趣爱好、抹去自己的个性，而成为千篇一律的复制品。那样，这个世界将失去活力，由五彩缤纷、充满生气变得单一、乏味。事实上，**人的主要的能力，也是他们做好工作的重要能力——创造力，正是源于人们各自的不同的兴趣爱好和独特的个性**。因此，在用人上，管理者不必按照自己的设想或工作的需要，而严格地限制或要求工作人员如何如何，更不必去了解甚至干涉他们的工作之外的事情，只要让他们充分发挥出完成工作所需要的才智就可以了。

管理者用人切忌求全责备，对人要求过严，希图完美，容不得别人半点缺陷，见人一"短"，即不及其余，横加指责，不予任用。这是用人之大忌，它压抑着人的工作积极性，阻碍人的成长，阻碍人的智能的充分发挥；它使人谨小慎微，不思进取，阻碍人的创造性思维与创造性想象力的发挥；使员工缺乏活力，缺乏竞争能力和应变能力；它造成人才，尤其是优秀人才的极大浪费，因为，任何人总是有短处，甚至是有错误的，必受求全者的种种非难，因而难以得到启用。

既然，人有"长""短"，不可求全责备，那么，用人当以"录长补短"为好。只有这样，才能使各逞其能，人尽其才；使全社会的人力资源得到最充分的利用。而要如此，作为一个领导者必须要有一个宽阔的胸怀和容人的气度。"小肚鸡肠"是用不好任何一个人，也是成不了大事的。

**在所有的用人谋略中，容短护短谋略，是最令人感兴趣的，也是最难**

**掌握分寸的**。对于许多脾性古怪的管理者来说，让他容忍下属的短处，已经够宽宏大量了，如今还要进一步袒护下属的短处，这不是有点过分了吗？再说，真理和错误往往只一步之遥，在用人实践中，又怎能保证容短护短不出一点偏差呢？

运用现代用人理论，来对容短护短谋略做出新的阐释时，少数尚未挣脱僵化用人模式束缚的领导者，对它产生一些疑虑，也是预料之中的事。在消除这些疑虑之前，不妨首先弄清这一用人谋略的确切含义。

### 2. 容短护短，掌握好用人的伸缩度

**所谓容短护短，就是指在用人行为中，领导者根据领导管理活动的需要，在用人“伸缩度”允许的范围内，宽厚地容忍下属的短处，甚至适当偏袒下属的过失**。从字义上就能看出，容短护短不是无原则的，而是受一定的条件制约的。这一用人谋略，在某些方面和欲擒故纵谋略，有异曲同工之妙。

按照传统的用人理论，领导者或管理者对于下属的短处，应该热情帮助，耐心教育，甚至辅以必要的严厉批评。这一切，无疑都是对的。从理论上说，每个人的短处，都是能够改正和克服的。然而，在现实生活中，我们遇到的情况，往往和书本上阐述的有所不同。许多有经验的领导者或管理者都认为，下属的短处（弱点）一旦形成，就很难改变。笔者在工作中曾经发现一个十分有趣的人才现象，即几乎97%以上的各类人员，在青年时代就已形成的短处（弱点），直到中年，甚至老年，依然程度不同地存在着。再剖析一下古今中外的名人，他们在晚年时候被世人公认的一些短处和不足，大多也可以从他们青年时代的活动中找到根源。为此，国外不少管理学家都认为，人的短处和不足，唯有在特定的内外条件下才可能彻底改变，在通常情况下，只能暂时收敛一下。

首先，人的短处和不足，多是后天形成的。它的形成和消失，同样有一个过程。无论是形成还是消失，这种动态发展变化，通常都是通过渐变的方式，而不是通过突变的方式来进行的。因此，我们在探究人的短处和不足时，首先应该肯定它的可塑性，承认它经常处于动态变化之中，才能进一步探讨它的相对稳定性。这一点，是我们正确对待人的短处和不足的

基础和首要前提。

其次，为什么一个人的短处和不足，一旦形成，就很难改变呢？这是因为在其漫长的形成过程中，人的短处和不足，已经被无形中注入了一种惰性，并且形成了一种顽固的思维定式和行为定势。这些惰性和定势，反过来又促使人的短处和不足作为一种个性特色，强有力地吸附在他的本质属性上，成为很难剥离的一种素质成分。**作为领导者，就应该清醒地意识到，要想改变和克服下属的缺点和短处，绝非一朝一夕能够办到。**

再次，对于绝大多数人来说，在没有足够的内外在条件的刺激下，很可能终身“积习难改”。面对这一现实，作为领导者或管理者，应将自己的主要精力，放在设法使他们的积习不起作用上，而不是徒劳地用于改变这些积习上。唯有这样才是最经济最有效的用人方法。

总之，从客观实际出发，充分正视人的短处的相对稳定性，主张通过充分发挥下属的长处，同时适当容忍甚至袒护下属的短处，来极大地激发人才的积极性和创造性。这样做，当然不是绝对放弃对下属的热情帮助、耐心教育和必要的严厉批评，而是竭力挣脱传统的思维定式和行为定势的束缚，寻求更加灵活巧妙的用人艺术。

值得指出的是，容短护短所指的短处，是被赋予特定的含义的，它通常专指以下两类缺陷。

第一，人的内在素质中的一般性弱点和不足（不包括性质恶劣的道德品质问题）。

第二，人在前进过程中偶犯的过失，诸如探索中的跌跤、改革中的失误、工作中的合理错误（不包括堕落过程中屡犯的错误和罪行）。

### 3. 用人容短的四项要领

在用人行为中，管理者处于怎样的情况下，方可对下属容短、护短呢？这里着重阐述四点。

#### （1）严格掌握容短护短的临界线

管理者容忍下属的短处，甚至偏袒下属的短处，其用意当然不是纵容下属，而是另有所图。在多数情况下，管理者图的是以下几方面的好处：

第一，为了更好地发挥和利用下属的长处；第二，赢得人心，进一步密切上下级的关系；第三，极大地提高自己在群众中的声誉，有意将自己塑造成宽厚、豁达的管理者的形象；第四，为了实现某个既定的管理目标。因此，在权衡利弊，决定取舍时，管理者必须本着得大于失的行为准则来行事。**只有当容短护短这一行为本身不超过某条临界线时，采取容短护短的方法，才是有价值的，可行的。**

在通常情况下，容短护短，应严格掌握以下四条临界线。

- 必须有利于充分发挥和利用下属的长处，而不是纵容下属的短处，以至于影响和限制了下属的长处。
- 必须有利于实现管理者制定的管理目标，而不是有碍于实现这一目标。
- 必须能被周围的群众所理解，所接受，而不是激起多数群众的反感和愤慨，加剧人与人之间的矛盾。
- 必须有助于提高管理者在群众中的声誉和威信，而不是降低和损害管理者的声誉和威信。

在上述四条临界线中，最重要的是第二条。在正常情况下，管理者应兼顾这四条临界线，尽量掌握。但在情况危急的特殊时期，也可以只考虑其中的第二条，而对其他三条暂不考虑，待事后再采取其他补救措施。此类例子，在历史上是屡见不鲜的。

**（2）灵活掌握容短护短的度**

在不超越临界线的前提下，管理者在具体运用容短护短谋略时，面临着十分广阔的选择余地。这时候，**作为一个精明的管理者，就应该充分利用手中的选择权，灵活掌握容短护短的度，放手大胆地袒护自己的下属。**

- 在可宽可严的情况下，只要下属认识较好，群众又能谅解，就应从宽处置。
- 在可早可晚的情况下，对于下属的过失，不妨拖一拖，搁一搁，待事后再作处理，或者给下属一个将功补过的机会，视其表现如何，再作处理。
- 在可高可低的情况下，不妨将下属的缺点评估得低些，将下属的过失性质评估得轻些，充分利用用人行为“伸缩度”向人们提供的选择自由，做出维护下属的用人抉择。

●在可大可小情况下，对于下属的短处或过失，不妨大事化小、小事化了，尽量缩小处理的规模以及处理后产生的影响面。

总之，灵活掌握容短护短的度，是在合理的选择圈内进行的，它利用的是人们的认识伸缩度和行为伸缩度，而不是人们的认识误差和行为误差。领导者在具体运用容短护短谋略时，应该充分注意这一点。否则，就会步入误区，出现重大用人失误。

**（3）巧妙选择有效的容短护短方法**

获取理想的容短护短效果，不仅需要严格掌握临界线，灵活掌握选择度，而且还需要巧妙运用各种最有效的方法，恰到好处地将领导者的用意传递给下属，使下属既能明白管理者为什么要偏袒他，以此极大地激发起他的积极性和创造性，又要使下属在不感到难堪的情况下愿意接受管理者对他的偏袒，从而最大限度地保护下属的自尊心和自爱心。在这方面，管理者可供选择的行之有效的容短护短方法有很多，其中比较常见的有以下几点。

●当下属偶犯过失，懊悔莫及，已经悄悄采取了补救措施时，只要这种过失尚未造成重大后果，性质也不甚严重，管理者就应该佯作不知，不予过问，以避免损伤下属的自尊心。

●在即将交给下属一件事关全局的重要任务之前，为了让下属放下包袱，轻装上阵，领导者不要急于结算他过去的过失，可以采取暂不追究的方式，再给他一次将功补过的机会，甚至视具体情节的轻重，宣布减、免对他的处分。

●护短之前，不必大肆声张，护短之后，也无须用语言来点破，更不要主动找下属谈话，让下属感激自己。唯有一切照旧，若无其事，方能收到最佳效果。

●当下属在工作中犯了合理错误，受到大家的责难，处于十分难堪的境地时，作为管理者，不应落井下石，更不要抓替罪羊，而应勇敢地站出来，实事求是地为下属辩护，主动分担责任。这样做，不仅挽救了一个下属，而且将赢得更多的群众的心。

• 关键时刻护短一次，胜过平时护短百次。当下属处于即将提拔、晋级的前夕，往往会招致众多的挑剔、苛求和非议，这时候，作为一个正直的管理者，就应该站在公允的立场上，奋力挫败嫉贤妒能的歪风邪气，勇敢保护那些略有瑕疵的优秀人才。

在用人实践中，容短护短的方法多种多样。它既是管理者的智慧结晶，又体现了每个管理者特有的风格和个性。面对着错综复杂的用人环境和各个不同的用人对象，管理者势必本着因人制宜、因地制宜的精神，灵活巧妙地选择最有效的容短护短方法，尽力获取最好的用人效果。

**（4）认真看清、选准最有袒护价值的下属**

不看对象盲目护短，乱发慈悲，是管理者用人的大忌。**容短护短与严格要求、奖惩分明，是领导者实行有效管理的两手。**只有当管理者认定某个下属确有袒护价值时，他才会偏袒这个下属。

在这个问题上，管理者至少应注意以下五点。

• 为君子护短，群众满意，对事业有益；为小人护短，群众反对，对事业有害。

• 根据事情的不同性质，适当地容功臣之短，护功臣之过，即使有点偏袒，群众也能谅解；而无原则地容罪臣之短，护罪臣之过，群众却难理解。

• 只有识才、爱才，才能护才。为此，管理者必须善于识别人才、庸才与奴才，在此基础上，竭尽全力保护人才。

• 对于偶犯过失的下属，应给予适当的袒护；对于屡犯过失的下属，则应给予必要的惩处。

• 护下属之小短，不护下属之大短。

总之，容短护短的学问，深奥莫测；容短护短的技法，多种多样。随着现代领导活动面临的情势日趋复杂，被使用对象的自主意识日趋强烈，各级领导者更应该结合自己的用人实践，细心琢磨，不断探索，尽力掌握高超的护短本领和灵活的容错艺术，为最大限度地调动下属的积极性和创造性而努力。

**值得指出的是，容短护短，不仅是管理者在用人行为中常用的一种智**

**谋，而且还是管理者在特定的场合下必须坚持的原则立场**。这一用人谋略，是受正确的用人思想和人才观念指导和支配的。

## 二、以柔克刚，以绵化力

以柔克刚是成熟老练的管理者常用的一种用人之道，它有着丰富的内涵和特定含义，是现代管理一种用人智慧和逆向管理的重要内容。

所谓以柔克刚，是指管理者在用人过程中，面对下属的过激行为，采取理智和冷静的方式，巧妙坚持原则，缓解矛盾的一种用人谋略。这里说的“柔”，并不意味着软弱、迁就和退让，而是充分显示管理者的理智、机敏、冷静、克制、坚定、沉着和自信。以有原则的、机智的柔，去碰撞无原则的、粗暴的刚，就会势如破竹，无往而不胜。

### 1. 以柔克刚的用人策略和手段

在用人活动中，以柔克刚谋略，通常包括以下一些策略和手段。

#### (1) 以智取人

有智之柔，足以克刚；无智之柔，难以克刚。柔中显智，以智挈柔，是领导者用以制服有过激行为的下属的要诀。在制服有过激行为的下属时，领导者的柔，应当适度。柔得过分，会被下属视为软弱；柔得不足，又很难收到疏导的效果。唯有用智来掌握柔的分寸（度），才能充分体现领导者的用人意图，顺利引导下属心悦诚服地接受领导者的指挥。

**既然以智取人的焦点，在于正确掌握柔的适当的度**。那么，精明的领导者，又应该如何确定度呢？

事物的复杂性和差异性，决定了用人行为中的疏导工作，决无固定不变、适合万物的度。不仅同一种柔的方式，运用于不同的被使用对象身上，会产生截然不同的用人效果，即使是不同的领导者，将同一种柔的方式，运用于同一个被使用对象身上，也会产生不同的用人效果。为此，精明的领导者，大都将自己的智慧和精力，用于以下两项工作：第一，准确测出某个下属的特殊个性，其中包括他的德才素质、复杂心态、阅历、家庭、嗜好、长处和弱点等；第二，正确估量自己的能质和能级，其中包括自己的德才素质、能力结构、群众威望、特长和缺点等。在知己知彼的基础上，明智选择自己最拿手的形式，以及某个下属最能接受的形式，在这两个行为区域的重叠部分，找到管理者对某个特定下属应掌握的分寸（即用人行为“伸缩度”）。我们说的以智取人，就是指以自己的智慧，衡量并尽力掌握柔的最适合的度，以此来对待各具个性的众多下属。

**（2）以情动人**

这是推进以柔克刚谋略的催化剂和润滑剂。鉴于人是有思想有感情的，任何管理活动，包括用人活动，都不可避免地需要进行管理者与被使用对象之间的思想传递和感情传递，因此，充分利用这一特点，**在疏导下属的过程中，积极选择多种形式、多种渠道，与下属进行有益的思想传递和感情传递，以此来打动下属的心，无疑将大大加速以柔克刚谋略的进程。**

以情动人，关键在于以高尚、诚挚的真情去感动下属，时时处处想下属之所想，忧下属之所忧，急下属之所急，关心下属的前途和命运，怀着与人为善的诚挚态度，批评、帮助乃至惩处下属，而不是以虚情假意去欺骗下属，更不是摆出一副庄严的“尊容”去慑服下属。倘若领导者不懂得充分利用只有人类才有的思想传递和感情传递的特殊行为方式，去从事用人活动，而是采取管理羊群的办法，只知简单地甩鞭吆喝，那么，这样的管理者，势必在用人实践中招致惨败。

**（3）以仁悦人**

仁，即仁爱慈善，宽厚正义，通情达理。在原则问题上，态度鲜明，决不迁就，但在枝节问题上，则豁达大度，不予计较。管理者以这样的态度和策略去对待下属，获得下属的信任，就叫作以仁悦人。

对待下属的过激行为，作为管理者，历来有三种截然不同的行为方式，第一是以势压人，从严处置，不管是原则问题还是枝节问题，一概上纲上线，严惩不贷；第二是丧失原则，一味迁就，不加分析地尽量满足下属的所有要求；第三是宽严适度，以仁悦人，既坚持原则，又宽厚待人。显然，前两种行为方式，都是不讲计谋和策略的错误抉择，势必导致不良的用人后果。唯有后一种行为方式，才是符合用人规律和用人实际的正确抉择，有利于缓解矛盾，引导下属走上健康发展的道路。

以仁悦人，关键在于掌握好以下四个分寸：

- 施仁领域——在适当的问题上宽待下属（不包括原则问题）；
- 施仁场合——在最能争取多数下属的场合宽待下属；
- 施仁对象——只宽待本质尚好的下属，或者能够改正错误的下属（少数屡教不改的害群之马除外）；
- 施仁时机——选择最有利于缓解矛盾的时刻来显示自己的仁慈宽厚。

显然，要做到以上几点，是很不容易的，它需要管理者经过长期摸索，逐渐积累这方面的才智和经验。

**（4）以信处人**

信，即信用。表现在用人行为上，就是说到做到，赏罚有信。以柔克刚，必须言必信，信必果，在下属心目中，树立起领导者“柔中有刚，刚柔适度”的理想形象。具体说来，就是说到的，一定做到，做不到的，一定不说；该让的，主动让，不该让的，坚决不让；要求合理的，不闹也答应，要求不合理的，再闹也不答应……通过上述行为方式，使下属对管理者的柔，有一个正确、清醒的认识。

在管理活动中，处于被支配被统御地位的下属，最担心最讨厌的，是管理者言而无信，赏罚不明。针对下属的这一重要心理，**管理者要尽力做到以信取人，不仅能够获取下属对管理者的信任和支持，而且也使管理者选择的柔的谋略，具有坚实的基础**。在这一坚实基础上开展的柔的攻势，势必无刚不克，无坚不摧。倘能做到这一点，管理者就能卓有成效地管辖众多的下属。

上述策略和手段的有机结合和灵活运用，构成了以柔克刚谋略的丰富内涵和多姿多彩的表现形式。

## 2. 宽猛相济，管人需要一张一弛

在管理过程中，管理过宽，易导致纪律松散，管理过严又会压抑人们的进取积极性。经实践验证，“宽猛相济”是跨越时空的逆向管理智慧，对现代化企业管理具有重要的意义。

宽猛相济是一条治国谋略。所谓“宽”，是指统治者在治理国家、管理人民的过程中采用宽松、怀柔、恩惠政策，促使人们自觉遵守统治者的道德规范和法律制度。所谓“猛”，则是指统治者利用严格的法制、刑罚等强硬手段管理百姓，以约束百姓的行为。这可以为当今企业管理提供借鉴。

**（1）营造宽松的氛围**

在企业管理中营造出一种宽松的管理氛围，为企业员工创造一种宽松、自由、活跃的管理环境，使员工们能够以一种平常、舒畅的心情从事工作，更容易释放员工的工作热情和工作主动性，从而提高工作效率。同时，对于工作中消极、懈怠的职工可以适当地以一种严格的管理氛围约束他们，在企业内部创造一种积极向上、和谐有序的工作环境。

美国南部得克萨斯州的一家钢铁企业几年来生产效率一直很低，企业连年亏损，而且工人还经常罢工，企业连续换了几位总经理仍无成效。最后，他们聘请了一位日本人做经理，试图做最后一搏。如果仍无成效，就卖掉该企业。然而奇迹出现了，日本人上任一个月，企业扭亏为盈，效益成倍增长。两年后甚至吞并了当地另一家钢铁企业。所有人都惊奇于日本人的管理手段。原来日本经理在上任两天后，通过了解企业情况和基本制度，就深入到每一个车间同几乎所有的工人见面，倾听工人意见，让不满的工人在他面前发牢骚。他笑容可掬地说：“请多多关照。”一周后，他取消了前任经理制定的严格惩罚措施，同时采用了工人们提出的一些福利要求。在任期的前两个月，他还允许每个工人自由到他办公室提意见，在制定决策时，倾听其他管理人员的意见。从而在整个企业内部营造出一种宽松的管理气氛。这位日本经理之所以成功，就在于他针对前任采取的种种硬性管理措施，采取了“以柔克刚、以德纠刑”的对策，因而调整了管理气氛，并被广大员工所认同和接受，于是，产生了神奇的治理效果。

**（2）赏罚有据**

在企业管理中必须做到赏罚有据，这个“据”就是企业的各种规章制度。那么，如何才能制定出一套既有利于企业发展，又利于企业管理的规章制度呢？**现代企业管理，要求企业的法规必须体现员工的利益，只有这样的法规才容易被人遵守，才能够做到“令行禁止”**。在涉及与职工利益有关的企业法规的制定时，由企业管理方与员工代表们协商制定，从而充分保护广大职工利益。此外，在规章制度的制定过程中，必须明确规定有关奖惩的具体标准和措施，并严格按规章进行奖惩，做到奖惩有据。只有公开奖惩制度才能使职工明白如何做才能受奖，如何做应该受罚，有一个明确的判断尺度，从而可以有效地刺激员工，并有利于形成健康的内部竞争机制。同时，对于企业的纪律规章应明确地颁布于众，使尽人皆知，从而在企业内部形成一种公开和平等的气氛。

**（3）刚柔相济**

在执行规章制度过程中应采取“刚中有柔，柔中有刚，刚柔相济”策略。我们在企业管理中经常会遇到这样一些情况，对于职工的违纪行为，如果依据企业法规不折不扣地严肃处理，容易出现人才流失，或者其他一些不利现象，如果不按规定处理则会使企业制度无法执行。对于这种两难问题，就可以采用“严中有情、宽中有猛、刚柔相济”的处理方式。

严中有情，刚中有柔，在企业管理中对于加强内部管理，提高职工积极性会起到非常好的效果。

“为政以德，宽猛相济”，对于今天的现代化管理具有深远的意义。它要求管理者在管理过程中，认真把握宽、猛、严之间的尺度和范围，在一种互补、互合、互济中达到管理系统的平衡。同时，这也是现代管理的艺术、现代管理的魅力所在。

## 三、欲紧故松，管理有度

逆向管理中人才管理居于首位，难度最大。欲实现对人才的有效控制，一味地严管往往适得其反，应该亦张亦驰，有急有缓。让人才在一定的空间发挥最大的潜能，欲紧故松不失为妙策。

### 1. 用人须有谋，管人须有度

欲紧故松，本是军事上的一种谋略。它有两个用意，一是当敌人锐气尚盛时，故意避战示弱，骄纵敌志，使其士气懈怠，丧失警惕，而后乘机图之；二是在掌握了战争主动权的情况下，应避免逼敌过甚，导致敌人拼死反扑，而应该选择包括从精神上瓦解或疲惫敌人在内的一切灵活巧妙的方法，去制服敌人。

欲紧故松法，在企业逆向管理中用于人才使用方面，则被赋予了新的含意。它通常包括以下三层意思：第一，欲取姑予。领导者想从下属身上得到点什么，首先就必须给他点什么；第二，欲急姑缓。领导者急于让下属实现某一管理目标，首先就必须稳住下属，让他从容不迫地去寻找完成任务的途径；第三，欲擒故纵。领导者想紧紧管住下属，首先就必须在某些方面适当放松对下属的管束。这三层意思，尽管侧重点略有不同，内涵也各有差异，但其目的却只有一个，即实现对下属的有效控制。而要实现对下属的有效控制，领导者就不得不在某些次要的方面，对下属做些让步，适当放松一下缰绳。**这种以松缰为手段，以控制为目的的用人谋略，就叫作欲紧故松谋略。**

在用人行为中，欲擒故纵谋略的运用，情况较为复杂，难度也较高。这不仅因为领导者所管辖的下属，具有一定的自主性，他的心理行为，很难准确预测和掌握，而且领导者在对下属做出某些宽容和让步时，还必须选择最恰当的时机，最适当的分寸。唯有这样，才能取得预期的理想效果。可想而知，要做到这些，领导者需要进行周密的思考和斟酌。

尽管欲擒故纵并无固定的行为模式，但只要我们认真借鉴许多杰出的领导者在用人实践中积累的成功经验，还是可以从中悟出一些有益的诀窍的。

### 2. 欲紧故松，管理人才的八大要点

采用欲紧故松的方法，逆向管理人才有以下八大要点。

#### （1）面对才华横溢、锐气颇盛的下属

遇到这类下属时，领导者不要马上流露想利用他的企图，而应该佯作

用你也可，不用你也可，同时不动声色地向他提供能够充分发挥才华的各种条件和机遇，到了一定的时候，他自然会主动向领导者靠拢，甘愿奉献他的才华。

**（2）面对德才素质很不错的下属**

遇到这样的下属，领导者要想使他成为自己的得力助手，踏踏实实为自己工作，首先就必须选择适当的时机（最好是他处境最困难，最需要别人援助的危急关头），及时向他提供最有力的帮助。这样的帮助，只要有一次，就足以打动他的心，从而为组织贡献才华。

**（3）面对有不同的兴趣、爱好、特长和追求**

由于每个人在兴趣、爱好、特长和追求方面都有所不同，因此，几乎每个下属在上级统一制定的大目标以外，都有自己的个人小目标。为了实现这一小目标，下属希望上级的管辖和约束，最好不要过紧，应给予自己适当的自由。针对下属的这一心理特点，领导者对下属就不必统得过死，管得过严。应在抓好大事的前提下，适当放松一下缰绳，给予下属适度的自由，让他们根据自己不同的兴趣、爱好、特长和追求，去奋力实现个人的小目标。**有时候，下属在小目标上取得的进展，不仅不会影响上级制定的大目标，反而有助于大目标的提前实现**。当然，对于少数有碍于实现大目标的个人小目标，领导者还是应该做好细致的思想工作，对其进行及时的劝阻和引导。

**（4）对面个性很强、颇难驾驭的下属**

遇到这种颇难驾驭的下属时领导者不要以势压人，故意给他个下马威，而应该避其锋芒，因势利导，选择最适当的时机，从他精神上最薄弱的部位征服他。这种征服，可以以刚克柔，也可以以柔克刚，允许手段灵活多样，但必须讲究实效。采取这种战术，往往比单纯从正面发起强攻，硬碰硬，效果要显著得多。

**（5）再能干的下属，也不可能不犯错误**

领导在处理犯错误的下属时，应先根据不同的情况，不同的对象，尽可能在用人伸缩度允许的范围内，适当宽容下属。古代兵书上说："逼则反兵，走则减势。”意思是说：逼得对手无路可走，他就会反扑，给他留一条遁走的活路，就可以削减他的气势。同样道理，处罚下属过了头，他也会起来反抗，唯有治病救人，使他感到前途仍然十分光明，他才能更接受领导。

**（6）在催促下属快跑时**

面对这种情况，为了防止他跑得过快而栽跟头，领导者反而应该嘱咐他跑得慢些。当领导者急于让下属尽快完成某项任务时，为了防止下属由于过于急躁而出现不应有的失误，领导者不仅应该避免把时间卡得过紧过死，而且还应该在某一关键环节上，尽可能给下属以更充裕的时间，使下属能够从容不迫，保质保量地完成任务。这样做，尽管从表面上看，完成任务的进度是慢了，但从实质上看，却是大大加快了下属完成任务的进度。

**（7）欲取故予，关键在于予**

有一些心术不正的领导者，有意用小恩小惠拉拢下属，搞不正当交易。这样做，不仅不可能建立起健康而牢固的上下级关系，而且还将使自己的威信扫地，到头来什么也得不到。而精明的领导者，则将予视为一种必要的感情投资、智力投资、时间投资或动力投资，他能够根据不同下属的具体情况，因人制宜，区别对待。遇到知识老化的下属，领导者就向他提供更新知识的机会；遇到经济拮据的下属，领导者就帮助他克服生活困难；下属病了，领导者为他问医求药；下属闹情绪了，领导者及时开导他，这样的给予，不仅格调高尚，而且是下属最需要的，因而也就最能打动下属的心。辛勤的播种，势必获得喜人的丰收。**领导者只要能够给予下属最急需的、最有助于他成才的支持和帮助，就一定能得到下属对自己的真诚拥戴和无私奉献。**

**（8）在小事、非原则问题上的宽容和让步**

这样对待下属不仅不会导致纪律松弛，管理失控，反而体现了一个立志高远的领导者的豁达、机敏和仁慈，体现了他不拘泥于细枝末节的大将风度，在一定的条件下，它将产生一股奇妙的凝聚力，使全体下属紧紧团聚在领导者的周围，心悦诚服地接受他的统辖。

欲擒故纵谋略的运用，当然远不止上述诸项内容。各级领导者在管理过程里的用人实践中，应根据实际情况，适当变换纵的方式方法，以获取最理想的效果。

## 四、推拉有度，统御有方

推拉有度是企业用人中的重要方法。奖励时让人干劲倍增，知恩图报；惩罚时既可做到批评惩罚，又让人心服口服。其目的都是不断地激发其昂扬精神和团队意识。

如何对待有过错的下属，是管理者必须慎重对待的问题，处理得当，双方满意，促进工作；处理欠妥，则损伤其积极性，无形中增加工作阻力。

善于发威的人，深知“威”虽对众人而发，但这对个别人而言，又有不同的做法。下属中确有出色的人才，这种“千里马”是不能重鞭的，对于好胜心强的人，对于极有反抗精神又能力非凡的人，就不能再用威风压制得他们无法喘气了。但若用推拉有度的御人之术，他们就会以“士为知己者死”的态度来回报你。

### 1. 既要物质奖励也要精神奖励

在奖励中，一种是物质奖励，另一种是精神奖励。

物质奖励和精神奖励相辅相成。物质利益是人们从事社会活动的物质动因，奖励时重视它无疑十分重要。但是，重视物质奖励绝不是提倡个人抛开企业的利益，专为自己的物质利益奋斗，绝不是提倡“一切向钱看”处理好长远和眼前、整体和局部的利益关系，引导人们从关心个人到关心他人和组织发扬团队协作精神。

精神奖励是人们的高层次需要，精神利益的满足是促使人们自身能力发展完善的重要动力。实行精神奖励，能促使人们在愉悦的精神享受中陶冶思想情操，加强科学文化知识修养，使自己的各种能力不断发展、丰富，成为有理想、有道德、有文化、有纪律的劳动者。

**物质奖励和精神奖励既有联系又有区别，奖励时要有机地结合起来。**现阶段既不能只给物质奖励，使人们忘记大目标，又不能超越历史阶段，只进行精神奖励。要在不断满足人们物质需要的基础上（包括奖励的内容和形式），不断提高人们的思想觉悟，对于先进分子则应有更高的要求。

### 2. 以奖为主，以惩为辅

人们在社会实践中总会有所长，也会有所短，既会有优点也会有缺点，这是完全正常的。激励是为了调动人们的积极性，提高人们的素质。在实践中如何把握奖惩的比重呢？人们经过长期的、一系列的研究，比较了奖励和惩罚的不同作用发现，作为阳性诱因的奖励总是比作为阴性诱因的惩罚效果好。对一个人予以表扬，不管这种表扬的性质和态度如何，总比忽视他的作用甚至斥责他要好得多。对人的行为的积极性的提示胜于消极性的提示，鼓励胜于劝阻，提出令人愉快的要求胜于责骂。这是因为，奖励作为一种对人们的正强化的信息反馈，不仅给人们一种愉快的反馈信息，而且还给人们某些物质和精神利益的满足，这正是人们所需要和期望的；而惩罚作为一种对人们负强化的信息反馈，不仅给人们一种避讳的反馈信息，而且还使人们的物质和精神利益受到某种损失，而这却是人们所不希望和惧怕的。虽然奖励和惩罚都是激励实施中不可缺少的手段，对人们成长和发展都有积极作用，但是，**从理论和实践的意义上来说，从两者比较的意义上来说，奖励的效果要比惩罚的效果好。**善于发现和强化对象的长处和优点，善于把对象身上的消极因素转变为积极因素，是我们科学掌握激励理论和方法的表现。为了保证激励对大家都有作用，在赏罚时，要将赏罚的标准和受赏罚对象的情况向集体成员实事求是地介绍，并施以大家能接受的赏罚形式，帮助大家正确认识赏罚的目的和作用。只有这样才能起到奖励一人，带动全体，处分一人，教育一片的目的。在奖励的实践中，要有主有辅，有重有轻，不可同等对待，平分秋色。一般来说，奖励的次数宜多，惩罚的次数宜少；奖励的气氛宜浓，惩罚的气氛宜淡；奖励的场合宜大，惩罚的场合宜小；奖励宜公开进行，惩罚宜个别进行；可奖可不奖者，奖，可罚可不罚者，不罚；在制定奖励和惩罚条例时，要考虑到人们的期望值和承受力。

### 3. 处罚也能有效地统御

处罚也是一种激励，更是一种管理御人的手段。激励的一种是奖励，另一种则是惩罚；在奖励中，一种是物质奖励，另一种则是精神奖励；在惩罚中，一种是经济制裁或行政制裁，另一种则是思想教育和批评说服。在激励的实施过程中，需要考虑将不同的方面有机地结合起来。

赏罚要对应。当管理者考虑对某一行为的“正向”予以奖励时，也要同时考虑对其“负向”如何处罚，不可顾此失彼。

管理者对下属的经济制裁要和批评教育相互结合。经济制裁能使人们在经济利益受损的刺激下提高思想觉悟；批评教育则是直接帮助人们提高思想认识，转变其行为。目前，劳动还是人们的谋生手段，经济收入的高低关系到人们生活的富裕程度，所以，经济制裁对于人们行为的转变还有一定的积极作用。但是，把惩罚仅仅看作是经济制裁，以为罚款就能解决一切却又是不妥当的。对于有些简单的问题采取罚款的方式或许可以解决问题，即便如此，也少不了批评教育。对于某些复杂问题，仅靠罚款、降薪、撤职等经济和行政手段是不够的，还必须从思想上给予严肃的批评教育，必要时还要在一定范围内通报批评和责其检查交代，特别严重的还要通过新闻传播媒介公布于众。只有这样，才能深刻教育本人，警戒大家，达到惩罚的目的。

### 4. 柔性管理，对下属进行感情投资

现代管理经验证明，凡是卓越的管理者，都善于对下属进行感情投资。只有通过感情投资，才能使下属感到自己受了重视，因而才愿尽己所能，发挥潜力。

随着时间的推移，管理学理论正不断推陈出新，以发展“精神生产力”为目的的“人本管理”，越来越被提到重要的议事日程，以至于美国人把“开发人力心理资源”列为21世纪的前沿课题加以研究，日本和其他许多发达国家也在这方面倾注了大量的人力、物力、财力，展开潜心研究。

以发展“精神生产力”为内核的“人本管理”，实际上就是当今国内

管理者称为柔性管理的管理理论。

**柔性管理的基本原则包括：内在重于外在，心理重于物理，肯定重于否定，感情交流重于纪律改革，以情感驭人重于以权压人……**

这些原则中所体现的魅力，集中到一点，就是以注重感情投资、通过感情投资达到管理的目的。

只要管理者善于运用感情投资这一方式，想赢得下属之心也并不是困难的事。

有不少管理者常常会发出这样的感慨：真是时运不济，物色不到合适的人才，手下人一个个几乎都“低能”，工作起来不但毫无生气，而且毫无创见……

这难道是事实吗？

非也。至少，这种想法有以偏概全之嫌，不能说明事实的全部。

事实是任何管理者的下属不会全是“低能”者，其中必然有出类拔萃的人。

这是因为下属的能力不可能一下子全部显现出来，而是需要有一个逐步发挥的过程，这一过程是否会出现，取决于领导是否对他们进行了卓有成效的感情投资。

**可以肯定地说，下属的能力大小与领导对他们的感情投资多少是成正比的。**

如果管理者能够对下属进行感情投资，越建立充分的信任感、亲密感，就会越有效地消除下属心中的各种疑虑和担心，从而更愿意把自己各方面的潜能都发挥出来。

## 5. 让减薪成为加薪的前奏

每一个管理者都十分明了，让员工认识到自己的利益与企业的未来发展是紧密相连的，这一点有多么重要。能够在企业危难之时得到员工的支持，这个企业抵御风险的能力一定很强。

1929 年，由于爆发了世界性大危机，经济急剧滑坡，大量企业纷纷倒闭。为了免遭破产倒闭的厄运，有不少公司都采用减薪的方法降低生产成本，以期渡过难关。但为了不使工人举行罢工，减薪的幅度都向同行业中居于领导地位的企业水平看齐，这已成为一个惯例。尤其在经济下滑关头，员工情绪又极不稳定，大家谁也不敢标新立异。

而此时，有一个公司却独行其是，采取大幅度低于同行参照水平的标准降低工资，他就是美国国际钢铁公司。做出这一决定的是公司老板威耶。在员工情绪低落时，这一措施无疑是火上浇油，很多人都替他捏一把汗。尤其负总管理之责的马利文，听到这一消息，更是惶恐不已，马上去见威耶，提出抗议式的警告："你这样做，会发生更严重后果的骚动！"而威耶却严肃地说；"很多老板都巴不得能停工，以减少开支，因为现在的生产已毫无意义，我大幅度减薪的目的是希望大家能守在一起，坚持到最后一分钟，渡过这一关，这一经济上的黑暗时期，还要继续一段时间，自己应该衡量一下自己的资力，以现在的开支能维持多久。假如在这段时间内，支出超出了公司的负担能力，到最后的结局是很明显的。处在这样一个非常时期，最重要的一点是量力而行。因为问题的关键不是在减低多少薪资，而是看看谁能支持得最久。假如我们跟别的公司采取同一标准，也许支持不了多久，就会倒下去。当然，我会使工人们了解这番道理。"

当面与员工谈论这一问题，有极大的风险，一旦群情激愤难平，场面就不可收拾了，何况减薪是关系员工们切身的问题，甚至对他们整个家庭、生活都可能发生很大的影响。企业领导者最怕处理这类的事情，因为加薪的消息人人喜欢听，减薪的消息则往往谁听了谁不开心，何况他比其他同业减的幅度都大，工人们就更不能忍受了。

公司里高级人员对他亲自向员工说明减薪的决定，都捏着把汗，老板怎能跟员工面对面的解决这类问题，闹僵了连缓冲的余地都没有。但威氏认为"丑媳妇难免见公婆"，最好是早一天向工人说明，以消除他们由猜疑所引起的不满。他坚信工人们是不会让他下不了台的。另外，威耶对自己的超人说服力很有把握，这一才能曾几次帮助他渡过难关，往往别人难以处理的事情，他却很快把它摆平。

那天的会场设在总公司的一栋因停工而腾出来的厂房里，工人纷纷攘攘地，秩序显得很乱。

威耶走进去，走到临时用办公桌凑成的讲台后面，向下面扫望了足足有 5 分钟。他心里明白，第一句话应该向工人们说什么，告诉他们这个坏决定，直截了当地告诉他们，不要任何解释和开场白，因为对坏消息作解释讲得越多越显得老板是虚伪的，而他要的是工人们的真情实感，他单刀直入地向人们说："我今天为各位带来一个很不好的消息，我要减少各位的薪资，而且比别人减得多。"

威耶以强有力的语气接下去说："你们心中一定充满了气愤与怀疑，为什么？为什么我们要减薪？为什么我们要比别人减得多？"

"我坦白地告诉各位，这不是我的过失，也不是各位的过失，这是整个局势演变出来的结果，不是人力所能抗衡的。各位了解了这一点，我下面的解释才有意义。

"下面我来说明为什么我薪资比别人减得多。原因有两个：一是为各位的工作着想，二是为各位的家庭生活着想。假如我们比照别人的标准减薪，也许不到一年，我们公司就要停工倒闭，到那时候各位再找工作不易，生活就会马上成问题。

"依我现在订的减薪标准，我敢向各位保证，我们一定可以平安度过这一段不幸的时期。大家的生活也许苦一点，但可以安心工作。"

"也许你们会问，那些减薪少的公司难道就会垮吗？我不愿意作预测，请各位将来看事实证明。我相信，你们也应该相信，我的分析统计没有失误过。"

"各位不要图眼前的一点小利，要向远处看，并相信我这样做不是刻薄你们，而是为了我们大家共同的前途。"

威耶用这篇简单的演讲向人们倾吐了他的全部心声。讲演的内容打动了人们，他用声音、表情强化了这些话的内容。

威耶没有作欺人之谈，一年以后，有三家工厂因经济拮据而支持不下去了，失业工人因生活无着，而滋事生非，引起社会很大的不安。

威耶的国际钢铁公司能立足，是因为威耶对经济控制得好。同时，还因为他的元气没有伤。在不景气的时代过去之后，威耶领导下的公司，比任何人都恢复得快。

1933 年，威耶又率先宣布增加员工的工资。管理人员希望他向工人当面宣传，但威耶拒绝了，他的回答很简单："工人多拿了钱，自然知道是我给他们加的，难道还会怀疑别人吗？"

美国国际钢铁公司老板威耶在公司面临紧急关头时，从公司发展的长远利益着眼，根据公司自身的经济状况，大胆决定以低于同行业参照水平大幅度降低公司员工薪金水平，首先与管理层统一认识，达成共鸣，再运用演讲形式取得员工的理解和支持。其成功的关键是使员工相信企业不仅是老板的，与工人的切身利益也息息相关，找到了利益共同点。另外威耶高超的演讲艺术也起了重要作用。

从更深一层角度看，这一经典案例提示企业的所有者，**让员工认识到自己的利益与企业的未来发展是紧密相连的，这一事实是多么重要**。它可以使企业在危难之时，得到员工的支持，提高企业抗风险的能力。从美国企业的发展趋势看，企业内部持股现象愈来愈普遍，这一公司制度可以把职工的利益与个人利益通过法律形式连接起来。它表明员工在企业中的作用已愈来愈大，不再仅仅是一名雇工。

## 五、施压御人，深挖潜质

过于放松，没有任何压力的团队组织是一团散沙、效率低下的。施压御人，是企业逆向管理的手段之一，其目的是能更好地管理人才，发挥出人才的最佳潜质。

如果将管理比喻为无线遥控，那么统御的法则与指挥的步骤就相当于电波，而相当于电源的，就是管理本身。因此管理要有正确的信念，并将之充分发挥。所谓“人心不同，各如其面”，这世界原本就不是每个人都友善、可爱的。身为管理者若能意识到这点，任何团体中都会存在着某些桀骜不驯，难以操纵、指挥的部属，而许多管理者由于觉得对方不好应付，便往往避免指派工作给他们，对方也因此更加散漫，终致造成团体中的死结。**所以，具有统御能力的管理者，最好的方法就是时时地给予下属一定的压力，让他们感到工作的紧迫感和自身的危机感**。这样，对管理者事业所构成的障碍自会无形化解。

古人云：“下君之策尽己之力，中君之策尽人之力，上君之策尽人之智。”这句话的意思是，只靠自己的力量去做事，是下策，能借用别人力量去完成自己需要做的事，确实不错，但属中策。若能借用别人的智慧去完成自己的事业，那才是上上策略。

### 1. 人无压力不出活

管理者不患无才，但有时目前在位的人或许不如想象出色。这时，管理者就应给他们以工作压力，压力之下才出活。

因此，作为管理者，如何运用掌握的权力，对下属适当施加压力，使其充分发挥潜能，是获得成功必修的科目。

#### （1）创造机会，磨炼人才

企业中的下属一般各司其职，但有时未必是各尽其用，若小王是块做部门经理的料，而你只任命他为秘书，势必会影响他的积极性和能力的发挥。因此，管理者要多创造一些机会，让下属都有机会发挥自己的作用，这样才会达到人才利用效率的最大化。

#### （2）施加压力，逼出人才

有些下属精力充沛，没有压力，就会满足现状，不思进取。时间一长，必会惰性大发，懒散成性，影响整个企业的效率和干劲。对这样的下属一定要施加压力，用掉他的过剩精力，一来可以提高公司效率，二来可以满足下属个人的成就感。

#### （3）注意施压适度

人不是机器，再能干的人也有一定的生理和心理承受力，若一味施压，不求适度，那么必会过犹不及，既不能达到提高效率的目的，又要落个“暴君”的恶名，不但搞臭了自己的名声，又压垮了一员大将，得不偿失。

**因此，要做一名成功的管理者，一定要记住适度施压，否则，将会事与愿违。**

### 2. 挖掘潜力，控制下属的工作方向

下属从事工作，也是借助下属自己本身蕴藏的能量。统御并非从外部注入或增加下属工作的能量，而是通过一定的手段激发和调动。

能够产生统御作用的要素是，要赋予下属发挥所有能量的动机，管理者只要控制其强调的方向即可。不管多么优秀的管理者也无法将下属用绳索拉着走，或是从后面赶着走，这不是管理者该做的事，个人的基本活动乃是下属的自由和权利。

要统御他人进行工作，管理者需做到以下几点。

**（1）从零开始，循序渐进**

就像要发动蒸汽机，首先得从烧开水开始，而且要花一段时间，这个步骤完成后，就会产生很大能量。

**（2）寻找感应，挖掘潜力**

要促进下属发挥最大能量，必须投其所好，抓住下属最感兴趣的地方，以此为诱饵，激发其干劲。

**（3）不断调整，创造机会**

发现下属最大潜力何在不是一件容易的事，有时甚至连下属本人也不知道。这就需要管理者设立一个岗位流动机制，让下属有机会接触各种挑战，从中选拔表现突出者，以此来激发下属干劲。

### 3. 对下属的威迫要适可而止

要使下属产生服从管理的意识，最快的方法就是让其感到有危险，或是降薪，或是免职的危险。**所以威迫是强有力的有效的手段。**

人受到威迫，会心生抗拒。这种状态若能持续一定时间，达到难以继续忍受时，就会开始产生服从的意志，如果消除其恐惧感，这种意志马上就会消失。

威迫的手段虽然很少提倡用，但是到了迫不得已的时候，必须彻底消除对方不服从组织管理的抵抗意志时，就必须使用，否则不会有什么效果。半途而废，只会增加下属的反抗心理。

管理者应正确地运用威迫手段。

**（1）明确威迫手段的缺点**

威胁手段的缺点就在于能积累不安与不满，无法发泄的不安与不满的感觉不断累积，终于形成无法控制的力量，而爆发出来，事态至此将无法收拾。

**（2）以平时稳妥统御为主**

这种威迫手段说到底是一种权宜之计，是迫不得已时才采用的应付危机的手段，因此**平时则要用良性的统御方式，尽量减少危机的积累以致于最后爆发**。

**（3）采取威迫手段之后，立刻采用应对的政策和手段**

应立即采取一定措施以消除过度的紧张情绪和局面。白脸唱完，还要唱好红脸，这样才能使统御恢复正常。

## 4. 管理者不可伤下属的自尊

人如果没有了自尊，所有的统御管理之术都会失去作用。没有自尊的人有两种情况：一种是自己失去的，一种是叫人给毁伤的。对前一种人，领导者可做的努力或许很少，后一种情况，领导者要千万注意。不少人的自尊心恰恰是被领导者给毁伤的。

管理者必须明白，下属的自尊心是应该受到保护的。不伤害下属的自尊心，不仅是尊重下属的人格，而且对搞好企业大有好处。下属有了自尊心，管理者的统御行为才能深入人心，才会求上进，有上进心才会努力工作。

调查研究表明：凡是自尊心强的人，不论在什么岗位上，都会尽自己的努力而不甘落后于人。**明智的管理者要保护下属的自尊心，要想方设法加强下属的自尊心**。比如，注重礼貌，让他们充分体会到自己与上级在人格上是平等的；或使用适当的褒奖，让他们有荣誉感，等等。

从表现上看，在一个成功的组织里，都有一位强而有力的领导人，发挥着主导作用，但实际上在他的背后，都有善于谋划的智囊人物或智囊机构，只是这位领导人很好地组织和发挥了他们的作用而已。